马克思
日常生活批判思想研究

A Study On
Marx's Critical Thought Of Daily Life

张雪敏 著

社会科学文献出版社
SOCIAL SCIENCES ACADEMIC PRESS (CHINA)

序

从根本上说，哲学是对人及其生活的追问和反思，并通过这种追问和反思引导和敞开着人们对美好生活的向往和追求，在这个意义上，哲学变革人们的生活观念，提升人们的生活境界。

随着现代社会世俗化的加剧，现代人的生活愈来愈物欲化，沉湎于对物的追逐和享受，日渐丧失了超越的精神生活。这样一来，作为属人的具有物质生活和精神生活双重维度的日常生活因丧失了精神的维度而异化成为"单向度"的物质生活，而精神维度的缺失则使日常生活变得索然乏味、毫无意义。人们在异化的日常生活中感受不到生命的价值和存在的意义，为"生命中不堪承受之轻"的焦虑和痛苦所困扰。由此，日常生活问题日益成为严峻的现代性问题。反思现代人日常生活的异化处境，探寻超越日常生活异化的现实道路，已成为现代哲学一个重要的思想主题。张雪敏博士在求学期间一直十分关注从日常生活的角度，去挖掘和把握马克思哲学的思想特质及理论旨趣，最终选择对马克思日常生活批判理论进行研究。这一选题具有较大的研究空间。当然，这一研究首先所要面临的问题就是：一般而言，马克思创立的历史唯物主义常常被视为揭示社会历史发展规律以及对资本主义社会进行批判的总体性理论，它所关注的往往是一些宏大叙事主题，那么它是否关注人的日常生活世界？如果说，马克思的历史唯物主义关注人的日常生活世界，那么它与其他哲学理论相比又能提供何种特殊的理论视域和观点？毫无疑问，这些问题都是这一研究的重要前提性问题。正是从这些前提性问题的追问和清理入手，张雪敏博士展开了对马克思日常生活批判理论的研究。

可以说，历史唯物主义作为一种奠定在实践基础上的现代新唯物主义，它与西方传统形而上学的重大区别，恰恰在于把人的现实生活世界从对实体化本体世界的遮蔽中解放出来。因此，从遗忘人的有限性和现实性的超验的彼岸世界返回到人的现实的生活世界，构成了现代西方哲学和马克思哲学的共同旨趣。我们发现，传统形而上学从超验的实体本体出发试图把握现实生活世界的本质，结果却是走到了现实生活世界之外，反过来造成了现实生活世界本身的分裂与矛盾。因此，在传统形而上学那里，我们总是看到，此岸世界与彼岸世界、日常生活与非日常生活、物质生活与精神生活等处于分裂与对立的状态之中。在马克思看来，在思辨终止的地方，在现实生活面前，正是描述人们实践活动和实际发展过程的真正的实证科学开始的地方。马克思的历史唯物主义正是建立在对日常生活世界科学分析的基础之上。马克思的历史唯物主义之所以具有宏大的解放叙事的特征，一方面在于它要把对日常生活世界的批判和理解，置于人类社会发展的总体性历史进程和客观规律的基础上来展开，另一方面还要通过引导人类解放的宏伟革命实践，使人的日常生活世界获得现实的解放。对马克思而言，"推翻使人成为被侮辱、被奴役、被遗弃和被蔑视的东西的一切关系"①，揭露人的现实生活世界的真实处境及其矛盾，以此唤醒人民大众沉睡着的主体自我意识，使哲学真正成为无产阶级实现自身和全人类解放的"精神武器"，是马克思哲学的根本思想任务。

正如张雪敏博士在其著作中所指出，马克思之所以能够实现向生活世界的回归，归根结底是建立在思维方式变革的基础之上的。在这部著作中，作者把实践观点的思维方式理解为马克思日常生活批判理论的根本致思方式，并把现实的人及其历史发展作为马克思日常生活批判理论的逻辑主线，把人

---

① 《马克思恩格斯文集》第1卷，人民出版社，2009，第11页。

的解放与自由全面发展理解为马克思日常生活批判理论的终极价值指向。以此为线索，作者深入挖掘和阐释了马克思哲学对日常生活世界的深刻理解，在此基础上提出，马克思历史唯物主义对日常生活世界的关注绝不是仅仅对其作出一般性的描述，更重要的是对资本主义条件下人的日常生活世界的异化状况展开反思和批判。作者从宗教批判和商品拜物教批判的双重维度，分析了马克思对人的日常生活在"神圣形象"和"非神圣形象"中异化的现实处境及其根源，指出人的日常生活世界异化的实质以及扬弃异化的思想方向。作者还极具针对性地把现代西方哲学的日常生活批判理论与马克思的日常生活批判理论进行了比较，提出现代西方哲学承袭了对资本主义社会展开批判的基本立场，拓宽了日常生活批判的问题域，但是它们对日常生活的批判并未真正深入到制度层面，因此其所提出的日常生活解放之路具有较为浓厚的乌托邦色彩。相较而言，马克思对资本主义社会的批判更具深刻性和彻底性，其所提出的解放之路更具现实性。可以说，这些理论观点都触及了这一研究的实质与要害，对于推动与深化相关领域的研究都具有启发性意义。

　　本书的作者张雪敏是我的博士研究生。她对哲学有浓厚的兴趣，为学态度纯粹而端正，为人真诚而热情，做事认真而踏实，品学兼优。张雪敏的学术成长和发展让我感到由衷的高兴，在共同向学的过程中我们也结下了弥足珍贵的师生情谊。在东北师范大学求学的时光中，张雪敏一直勤勉上进，取得了很大的思想进步，她的博士学位论文提出了一些发人深省的独到见解，受到一些哲学同行专家的好评，是一篇优秀的博士学位论文，具有较高的学术价值。得知张雪敏的博士学位论文要出版的消息，我十分高兴，同时也以此书出版为契机，衷心希望她在事业和生活上都能有更大的收获！

王艳华

（东北师范大学政法学院教授、博士生导师）

于 2022 年 2 月 15 日

目　录

引　言

一　马克思日常生活批判思想研究的缘起与意义

（一）马克思日常生活批判思想研究的缘起

作为与人类生存息息相关的领域，日常生活不仅为人提供和创造着丰裕多样的物质生活，也引领和塑造着一种富有意义与价值的精神生活，日常生活就是物质生活与精神生活内在统一的人的全部现实生活。然而自步入20世纪工业革命以来，日益发达的社会生产力和科学技术促使人的物质生活质量得以明显提升，物质生活愈发丰裕，"富裕的人们不再像过去那样受到人的包围，而是受到物的包围"①，被物紧紧围绕着的人们在不断占有和享受充足物质的同时却也丧失了精神上的高远追求，日常生活因失去内在自由与超越性而日益陷入异化的困境之中。在这一触动人心的现实背景下，西方现代哲学开始向"生活世界"回归，将目光聚焦于人的日常生活世界，为人类克服和摆脱异化命运，重新找到生活意义而进行不懈的探索与努力。在现时代，面对全球化浪潮的冲击与挑战，人类的生存处境愈加复杂和艰难，精神困惑、迷茫、虚无等遭遇使现代人没有了归属感和家园感，身处"生存的焦虑"之中的人的日常生活亦日渐失去方向和意义，

---

① 〔法〕让·鲍德里亚：《消费社会》，刘成富等译，南京大学出版社，2000，第1页。

日常生活异化问题依然是困扰着当代人生存与发展的重大问题。那么，人的日常生活为何会发生异化？日常生活异化的实质和根源到底是什么？如何从根本上扬弃和超越日常生活异化，进而构建和实现合理的日常生活？对这一系列问题的思考和探讨，显然是现代人所面临的一个严峻而紧迫的课题。

面对时代提出的重大课题，马克思所创立的历史唯物主义也随之遭遇到新的质疑与挑战。在以往的理解中，似乎一提到历史唯物主义，人们便会不自觉地将其与高远、宏大等这些词语联系起来，认为马克思的历史唯物主义就是关于经济基础与上层建筑、生产力与生产关系、社会历史规律及其发展、资本主义社会批判等宏观叙事的描述，而对于微观具体的日常生活层面，马克思没有予以专门论述，因而认为马克思的历史唯物主义缺少对人的日常生活领域的关注和研究。事实上，马克思并非是一个被抽象化理解的仅仅考察和研究意识形态领域的宏大叙事者，更是关注和改变人的日常生活世界的革命的实践者。现实的人及其生活世界始终是马克思所关切和探究的重要话题，马克思的全部学说，可以说就是一部关于"生活"的学说。以"改变世界"为旨趣的马克思哲学变革了以往"遗忘"和遮蔽人的生活世界的西方传统形而上学，真正实现了"生活世界的转向"，开辟了以现实的人及其历史发展为根本立场的解放道路。虽然以胡塞尔为首的现代西方哲学家亦洞察到了生活世界的一些特质，对于生活世界的理解体现出一定的合理性。然而，囿于脱离了生活世界的实践基础，他们还是未能从根本上把握人的生活世界领域，他们所理解的生活世界并不具有真正现实的性质。

那么，我们需要进一步思考的是：马克思哲学所转向的生活世界是否仅仅止于宏大的解放叙事而完全忽视了人的日常生活，答案是否定的。因为立足于实践活动观点的思维方式的马克思哲学所要把握和回归的生活世界恰恰是具有属人性质的现实的日常生活世界。马克思不但没有忽视日常生活世界，反而表达出对人的日常生活的高度重视和关注，并强调对于社会历史的理解也绝不能脱离日常生活。在马克思看来，"迄今为止的一切历史观不是完全忽视了历史的这一现实基础，就是把它仅仅看成与历史进程没有任何联系的附带因素。因此，历史总是遵照在它之外的某种尺度来编写的；现实的生活生产被看成是某种非历史的东西，而历史的东西则被看成是某种脱离日常生活的东西，某种处于世界之外和超乎世界之上的东西。"①在此意义上，可以说马克思哲学洞察到了日常生活的社会历史性，紧紧地抓住了日常生活的本质。就此而言，马克思的历史唯物主义不仅仅是关于人类社会历史发展的学说，更是一种对现代资本主义社会的批判理论，马克思所关注的日常生活世界正是资本主义制度宰制下异化的生活现实。然而马克思的历史唯物主义之所以体现出宏大叙事的特质，究其根本，在于马克思将对日常生活问题的批判和理解置于人类社会历史发展的历史进程及其发展规律的地基上，致力于在"批判的武器"和"武器的批判"的双重视域之下，通过整个人类解放的宏伟的革命实践，最终促进人的日常生活世界实现彻底的、真正的解放。通过对日常生活异化的现实处境的历史唯物主义视域的独特分析与批判，马克思哲学克服了现代西方哲学仅仅停留于意识层面寻求解答的理论局限，深刻地揭示出超越日常生活异化的现实路径，为人们敞开了一种自由个性的日常生活理想，从而指明了人类生活的基本的思想方向。因而，对于我们所身处的现时代而言，马克思关于日常生活的批判理论依然有着极为深刻的启发性意义。

（二）马克思日常生活批判思想研究的意义

对于马克思日常生活批判思想展开深入研究和探讨，无疑具有大的理论意义与现实意义。

---

① 《马克思恩格斯选集》第1卷，人民出版社，2012，第173页。

在理论层面，首先，通过对马克思日常生活批判思想进行系统的考察和研究，深入理解和把握其真实内涵以及精神要义，有助于揭示马克思历史唯物主义的深刻"生活"意蕴，从而走出对历史唯物主义仅仅局限于宏大叙事的抽象化理解，使得被传统理解范式所遮蔽的日常生活世界重新被挖掘出来，进一步丰富和拓展历史唯物主义的当代研究视野和理论内涵。其次，基于现代西方哲学的多重理论维度阐明马克思日常生活批判思想所激起的一系列思想效应，厘清现代西方哲学的独特历史贡献及其内在局限，有利于辩证地理解和看待现代西方哲学关于日常生活问题的分析和批判的同时，彰显马克思日常生活批判思想的内在生命力和时代价值，这对于我们坚持和发展马克思主义具有十分重要的意义。最后，随着现时代异化向日常生活世界的全面入侵，现代哲学发生了深刻的"生活世界"的理论"转向"，开始关注和思考人的现实生活问题，生活哲学已然成为当代哲学研究的基本方向和新生长点，马克思日常生活批判思想的研究不仅成为一种探索和推进马克思哲学创新与发展的新范式，而且为构建和发展当代生活哲学提供丰富的思想视域和理论资源。

在现实层面，一是将马克思对日常生活问题的资本主义制度根源的深刻分析和批判，结合对当代人日常生活异化处境的思考，有利于把握资本主义在当今时代的发展特质，深化我们对资本主义本质的理解；二是将马克思扬弃和超越日常生活异化的现实路径与实际生活相联系，有助于深入理解和把握日常生活问题解决的制度文明及生活实践指向，进而寻求富有针对性的对策和路径，这对于当代人从根本上摆脱异化困境，构建和实现合理的日常生活具有极为重要的现实价值；三是对马克思日常生活批判思想进行深入思考和研究，这有助于我们正确理解和看待生活的本质，从而葆有理想生活与现实生活之间的内在张力，秉持崇高的生活理想和生活信念，追求和过一种更加有意义、有价值的日常生活，这对于人类社会的整体进步和每个个体的自由全面发展都具有十分深远的意义。

二　关于马克思日常生活批判思想的研究现状及其述评

（一）马克思日常生活批判思想的国内研究现状

长期以来，国内学术界对于马克思主义的研究普遍集中在政治经济学、科学社会主义等宏观领域，鲜有涉及日常生活这一微观层面，因而对于马克思的日常生活批判思想，国内现有研究成果并不是很多。改革开放之后，随着中国人日常生活世界的深刻变化及其所面临的各种冲击与挑战，学者们开始关注和探讨日常生活问题。关于马克思日常生活批判思想，国内现有的研究大致围绕马克思日常生活批判思想的研究范式、马克思日常生活概念的内涵界定、马克思对日常生活异化处境的批判、马克思日常生活批判思想的意义四个方面进行展开，形成了为数不多的论文与专著。

对马克思日常生活批判思想的研究范式的探讨，刘怀玉教授在《马克思的日常生活批判理论与中国文化现代化的三大主题》中，基于马克思的经典文本，将马克思的日常生活批判思想概括为哲学人类学范式、文化社会学范式、经济社会学和社会本体论范式这三大形态，在第一种解释框架内，"马克思将人类历史宏观地概括为一个逐步从日常生活的自发状态上升到实现自我解放的自由境界的发展过程"[①]，在第二种解释框架内，马克思通过揭示资本主义矛盾，指出现代社会日常生活文化的世俗化、虚无主义危机，在第三种解释框架内，马克思对物质生产方式制约日常生活方式的强调，尤为深刻地批判了资本主义生产方式造成的日常生活贫困等社会问题。刘怀玉教授认为应继承马克思这三大具有普遍方法论意义的总体结论，并应坚持以此来指导当代中国的文化建设。

对马克思日常生活概念的内涵界定，是理解和考察马克思日常生活批

---

① 刘怀玉：《马克思的日常生活批判理论与中国文化现代化的三大主题》，《求是学刊》1996年第6期。

判思想的重要前提。詹燕在《列斐伏尔与马克思——日常生活批判理论的
承继和拓展》中，认为马克思虽然没有直接对日常生活进行规定，但可以
从马克思在《德意志意识形态》中关于家庭关系和人自身生产的相关论述
出发，去界定日常生活的含义，马克思的论述为我们建构日常生活理论范
式提供了可能性和理论依据。张伟在《论马克思哲学的日常生活维度》中，
在与社会、国家等公共生活的对比中理解日常生活，认为"日常生活是一
个以个体的人为主体、家庭为基本单位，以个人的生存和发展为目标的个
体实践活动领域"①，马克思哲学视野中的日常生活绝不是唯心主义所理解
的外在于社会历史的抽象性存在，而恰恰是人的真正历史的领域，日常生
活过程就是社会历史进程。杨东柱在《日常生活与非日常生活——兼论马
克思的日常生活观》中强调在马克思那里，"日常生活是在经济领域、政
治领域、文化领域之外的等非日常生活领域之外的'个人的全部活生生的
感性活动'"②，现实的个人是日常生活的主体，人的现实活动构成了日常生
活的全部内容。谢加书在《马克思恩格斯的日常生活观四重维度》中，认
为马克思恩格斯所高度重视的日常生活"主要指日常消费、日常人际交往、
日常休闲娱乐、家庭婚姻等"③，其中日常生活消费是人类生存和发展的重
要基础，对物质生产和精神生产有着非常重要的影响；家庭作为社会的细
胞，是日常生活的重要载体；日常人际交往是日常生活的组成部分，是日
常生活资料和信息交换的途径；日常休闲娱乐有助于提升生产力水平，促
进人的自由全面发展。

　　关于马克思对日常生活异化处境的批判，现有研究普遍一致认为，这
一问题是马克思日常生活批判思想的主要内容。复旦大学许大平在博士论

---

① 张伟：《论马克思哲学的日常生活维度》，《中共郑州市委党校学报》2009年第2期。
② 杨东柱：《日常生活与非日常生活——兼论马克思的日常生活观》，《社科纵横》2013年第11期。
③ 谢加书：《马克思恩格斯的日常生活观四重维度》，《湖北社会科学》2015年第12期。

文《日常生活批判及其当代意义》中认为，揭露异化和反思现实是日常生活批判的理论基点和中心内容，而马克思是通过揭露资本主义条件下人的日常生活全面异化的境遇，并从政治经济学的视角进行分析与批判，最终在政治制度层面为人类指明了扬弃异化和实现解放的道路。安徽大学刘荣清在《批判与建构——日常生活领域的意识形态研究》中，强调马克思哲学彻底实现生存论转向，认为马克思是由此开启了对人的日常生活世界的现实的、经济学的考察和批判。他指出，通过对资本主义体系下商品拜物教以及对日常劳动异化的本质揭露，马克思指认了人们现实生存的分裂状态和日常生活的平面化、普遍异化的困境，最后指明共产主义社会是人及其日常生活的真正复归。湖北大学张梦奇在《马克思恩格斯的日常生活思想研究》中分析了马克思日常生活思想的历史逻辑与理论线索，将其划分为前资本主义时期的日常生活、早期资本主义阶段日常生活、共产主义日常生活的展望，并认为马克思日常生活批判思想的出发点是工人实际的日常生活状况，马克思通过对资本主义社会中工人所遭遇的被毁灭的日常生活的全面揭示，展望了建立在个人解放基础上的共产主义社会中人的自由的日常生活的真正实现。胡敏在《论马克思的日常生活批判理论》一文中，指出马克思从资本与雇佣劳动的关系出发，分析了资本主义生产方式下日常生活异化的事实，并揭示了造成这种现状的根源，认为生活资料与劳动的分离和对立是直接原因，资本关系是根本原因，因而"要克服日常生活异化，必须消除资本主义生产方式，消灭资本主义剥削制度，用生产资料公有制代替生产资料私有制"[①]，这是马克思的日常生活批判思想的基本结论。

对于马克思日常生活批判思想的意义，学者们基本上都是将其与中国

---

① 胡敏：《论马克思的日常生活批判理论》，《湖北大学学报》（哲学社会科学版）2019年第5期。

的现代化和文化建设相结合来进行阐发和挖掘的。王福民教授在《论马克思哲学的日常生活维度及其当代价值》中，高度评价了马克思日常生活批判思想的价值与意义。他强调，马克思的日常生活思想不仅仅是马克思唯物史观的重要内容，而且是马克思分析社会生活的方法论原则，它内在蕴含着鲜明的人文情怀、科学精神以及价值旨趣，因而，在当今时代对其予以探讨和研究，有着十分重要的时代价值与方法论意义，"不仅对于深刻把握马克思哲学的真理品质与实践价值具有重要意义，而且可以为马克思主义哲学中国化、大众化、民生化提供新的理论视界与现实空间"①，更是当代中国日常生活转型的内在需要。广西师范大学宋勇在硕士论文《回归生活之路——日常生活批判研究》中，主要结合中国的现代化发展对马克思日常生活批判理论的现实意义进行了阐述，得出民生是现代化发展的根基，和谐是现代化发展的方向的结论。他认为马克思日常生活批判极为重视人的价值，将人的自由全面发展视为终极目标和追求，因而体现出一种深厚的民生意蕴，这是中国解决民生问题，实现现代化的关键所在。同时，马克思通过对资本主义社会日常生活异化现象的批判，揭示了以发达生产力和丰厚物质为基础的未来共产主义社会的和谐状态，因而我国的社会主义现代化建设要始终以和谐为方向，促进美好生活的实现。

通过系统地梳理和分析国内关于马克思日常生活批判思想的研究现状，我们可以看到，学者们立足于马克思的经典文本，从不同视角出发对马克思日常生活批判理论展开了较为深入的探讨和阐述，形成了一些重大的理论成果，这在很大程度上丰富和拓展了马克思日常生活批判思想的内涵与外延，促进了我们对于马克思日常生活批判思想的深刻理解和把握，为当代人重新思考和研究马克思的这一重要理论和思想提供了宽广的视野，体现出一定的理论合理性，因而具有很大的学术价值。但与此同时，已有研

---

① 王福民：《论马克思哲学的日常生活维度及其当代价值》，《教学与研究》2008年第5期。

究也不可避免地存在着一定的问题与不足之处。从研究内容看，现有研究以理论体系构建居多，而立足日常生活异化这一现实层面展开探究进而寻求解决之道的成果相对较少。笔者认为，马克思绝不仅仅停留于对日常生活世界做出一般的、静态的、客观的描述，马克思对日常生活的高度关切与考察体现为他对日常生活异化问题的历史唯物主义批判，扬弃与超越日常生活的异化始终是马克思日常生活批判思想的价值旨趣和终极追求。因而，应基于马克思对日常生活异化现实的全面分析与批判，以及最终的解决路径，进一步挖掘和阐释马克思日常生活批判思想，这也是本书研究的立足点和突破口。除此之外，在关于日常生活异化问题上，现有研究都是抓住马克思对资本主义条件下日常劳动异化的揭示和批判，进而从社会制度和劳动实践层面予以解决，笔者认为这一基本判断是符合马克思日常生活批判思想的内在逻辑的。但问题在于，日常生活异化状况在马克思那里，仅仅是指日常劳动异化吗？作为日常生活重要内容的人的意识、精神生活以及信仰是否也陷入异化困境？马克思对日常生活异化的批判只限于制度层面的批判吗？马克思对宗教、商品拜物教的批判是否内在关联着对日常生活的批判？这一系列的问题值得我们进一步去追问和反思，同时亦构成了本书研究的动机与契机，为本书的写作留下了很大的空间。总而言之，国内关于马克思日常生活批判思想的系统性研究成果较为缺乏，研究深度仍需推进，研究广度仍有待提升。

（二）马克思日常生活批判思想的国外研究现状

马克思日常生活批判思想对于一些国外学者产生了重要的影响。可以说，国外关于马克思日常生活批判思想的研究成果颇为丰富，总体上取得了很大的进展。国外学者对马克思日常生活批判思想的关注和研究，主要是基于马克思日常生活批判思想的基本立场和基本精神，在社会历史出现新变化、新发展的时代条件下，从不同的理论视野和维度对马克思思想进行了拓

展。其中，代表人物有卢卡奇、法兰克福学派、列斐伏尔等西方马克思主义
及赫勒等东欧新马克思主义，他们立足于现代资本主义社会全面异化的现实
历史背景，分别从人道主义维度、社会批判理论维度以及消费社会批判维度
出发，对马克思日常生活批判思想进行补充与扩展，最终形成了一系列关于
日常生活问题的理论见解与思想成果。

　　对于马克思日常生活批判思想，卢卡奇及其学生赫勒从人道主义批判
维度展开了理解与阐释。作为西方马克思主义的奠基者，卢卡奇认为马克
思日常生活批判思想体现出明显的人道主义追求，他继承马克思关于日常
生活异化的思想，展开对日常生活世界的深入探讨，由此也开启了现代西
方哲学史上研究日常生活的理论先河。卢卡奇在著作《审美特性》中首次
使用日常生活概念，强调日常生活的本体论地位，认为日常生活是全部人
类社会生活的基础。在《历史与阶级意识》中，卢卡奇进一步指认资本主
义社会日常生活异化现象，认为异化已渗透到日常生活的方方面面，甚至
"越来越深入地、注定地、决定性地沉浸入人的意识里"①。基于此，卢卡奇
放弃早期寄望于无产阶级革命意识的做法，继而以人道化方式来解决日常
生活问题，认为要扬弃日常生活异化即自在性，须通过艺术之路促使人由
"自在的合类性"向"自为的合类性"本质转变，从而自觉到自己的生存
状态，最终予以改变。受卢卡奇的影响，他的学生赫勒也是一位致力于探
求"日常生活人道化"的马克思主义者。在其代表作《日常生活》之中，
赫勒揭示了日常生活全面异化的现状并提出了"日常生活变革"问题。在
赫勒看来，对日常生活异化的批判就是实现日常生活的人道化，寻求"有
意义的生活"，关键在于具有个性化特质的日常生活主体的形成。也就是
说，只有生成具有个性和创造性的个人，才能自觉地将日常生活由"自在
存在"变为"自为存在"和"为我们的存在"，由此改造异质化的生活结

---

① 〔匈〕卢卡奇：《历史与阶级意识》，杜章智等译，商务印书馆，1999，第156页。

构和图式，超越日常生活的自在性与保守性，构建一种理想的个性化的日常生活。

以霍克海默、阿多诺、马尔库塞和哈贝马斯为代表的法兰克福学派，从社会批判理论层面对马克思日常生活批判思想做出了进一步拓展。法兰克福学派遵循马克思对日常生活异化批判的思想立场，形成了一套社会批判理论，展开了对资本主义技术理性、大众文化领域的批判，揭露了现代工业社会中人的日常生活世界的不健全与异化处境。在《启蒙辩证法》一书中，霍克海默和阿多诺指出启蒙向来是使人摆脱愚昧和无知的解放性力量，然而笼罩在启蒙理性迷雾之中的工业社会却"充满着巨大的不幸"，"在今天，技术上的合理性，就是统治上的合理性本身"①，被绝对理性所裹挟的技术也沦为毫无人性的技术理性。在技术理性的胁迫和压制下，人成了丧失主体性的奴隶和附庸，人的日常生活也变为马克思所深刻揭示的缺乏意义深度的异化的场域。对此，马尔库塞在其代表之作《单向度的人》中也进行了论述。马尔库塞强调发达工业社会中的技术已具有了意识形态的统治功能，技术的进步等同于社会物质财富的增长，同时也等同于对人的奴役的强化，技术的发展程度与日常生活异化的程度成正比，技术理性的统治和操控严重地消解了现代人日常生活的批判维度和超越维度。哈贝马斯在《作为"意识形态"的技术与科学》一书中则更为激进地批判"不仅技术的运用，而且技术本身就是对自然和人的统治"②，技术的应用规制和要求从根本上决定着人的生产和生活方式，最终失去否定性思维和创造性精神的人的生活世界也被完全"殖民化"了。在法兰克福学派看来，除了技术理性，大众文化也是引发异化的因素。他们认为工业社会中的文化被资本主义所挟持和操控，在某种意义上成

---

① 〔德〕马克斯·霍克海默·特奥多·阿多尔诺：《启蒙辩证法》，洪佩郁等译，重庆出版社，1990，第113页。

② 〔德〕尤尔根·哈贝马斯：《作为"意识形态"的技术与科学》，李黎等译，学林出版社，1999，第39—40页。

为意识形态，隐性的文化控制加剧了日常生活异化的严重性。具有商业化、标准化和娱乐化特质的大众文化借助于广告、电视、报纸和网络等媒介渲染和制造出以市场需求为导向的"虚假需求"，刺激人们的物欲，助长人们的享乐意识，给现代人的生活提供越来越多的"虚假承诺"，正如霍克海默和阿多诺所言，"它不断地改变享乐的活动和装潢，但这种许诺并没有得到实际的兑现……需求者虽然受到琳琅满目、五光十色的招贴的诱惑，但实际上仍不得不过着日常惨淡的生活。"①总而言之，作为意识形态的大众文化，通过娱乐性和感性形式悄无声息地转移着人们的注意力，麻痹着人的反抗精神，最终个体的独立个性和自由意识被全面瓦解，日常生活随之陷入平面化和粗鄙化。

伴随资本主义社会向"消费社会"的转向和发展，列斐伏尔、鲍德里亚等后现代主义哲学家立足于这一新变化，从消费社会批判视野出发对马克思日常生活批判思想进行了扩展和丰富。列斐伏尔在其《日常生活批判》第一卷中就鲜明地指出："异化理论和'总体人'理论依然是日常生活批判背后的驱动力"②，他十分肯定马克思的思想，认为马克思所揭示的异化无处不在，异化已经由劳动生产领域延伸和拓展至日常消费领域，充斥着日常生活的各个角落，由此展开了对消费社会的批判性分析。现代社会在列斐伏尔看来是一个被各种消费体系所操纵和主宰的社会，也即"消费受控制的官僚社会"，消费占据着日常生活的核心地位。在《现代世界的日常生活》中，列斐伏尔揭示出消费已成为资本主义统治人的日常生活的新形式，资本主义通过与现代技术以及大众文化合谋，为人们提供虚假的生活需要，主导着人的日常消费心理和消费取向，使得消费成为人们获取生活幸福与价值的重要源泉。身

① 〔德〕马克斯·霍克海默·特奥多·阿多尔诺：《启蒙辩证法》，洪佩郁等译，重庆出版社，1990，第130~131页。

② Henri Lefebvre, *Everyday Life in the Modem World* (London and New York：Verso, 1971), P.76.

陷消费牢笼之中的人们不再关心自己日常生活的真实处境，反而沉溺于追逐贴有"流行时尚"符码的消费物品。列斐伏尔认为在这种异化消费的驱使下，现代社会变为物的王国，人成了无主体意识和革命精神的原子式存在，人与人的关系被物与物的关系所吞噬，"日常生活已经不再是有着潜在主体性的丰富'主体'；它已经成为社会组织中一个'客体'"①，日常生活沦为资本主义实现统治和获取利润的对象和场所，被彻底商品化和"意义零度化"了。与列斐伏尔一样，著有"后现代主义批判大师"之称的思想家鲍德里亚亦沿着马克思对日常生活异化批判的思想方向，对现代消费社会的异化进行了全面和系统的分析和阐释。鲍德里亚在《消费社会》中深刻地指出，对于现代人的生活而言，并不是被真实的幸福所包围，恰恰是被物所裹挟，对物质财富的贪婪所形成的惊人的消费盛景充斥着人的日常生活，消费掌控着整个日常生活的境况，日常生活片面化为消费生活。鲍德里亚强调在现代消费生活中，人们生产和消费的早已不再是看得见、摸得着的实物，而是从物中抽象出来具有某种意义内涵和心理需求的符号代码，个体的性、休闲等日常生活皆被媒体和消费符号所统摄，符号成为日常生活的主宰力量。符号消费通过符号生产和设计过程赋予符号内涵以差异性和层级性，把人们的日常需求和生活意义寄托于对消费品符号所蕴含的社会地位和身份差异的不断认同和追求中，符号逻辑引导和操控着人的价值选择，由此一来，消费不再是满足个体内在的日常生活需求，而是为了满足符号需求，消费主体已不是真实的个人而是资本控制下的符号系统。最终，消费时代人的日常生活完全异化为炫耀型的消费生活，个体仅仅通过消费活动来确证和实现自我超越和生活价值，日常生活不断地滑向享乐主义和虚无主义的困境。

　　总体来看，国外学者关于马克思日常生活批判思想的研究是较为深入

---

① Henri Lefebvre, *Critique of Everyday Life*, *volume I*（London and New York：Verso, 1991）, pp.50-60.

和系统的，基于当代资本主义社会现实的新变化，从多重维度对马克思的思想做出了进一步挖掘和拓展，形成了独特的理论建树和巨大的历史贡献，这是值得肯定和赞赏的。但遗憾的是，囿于缺乏深刻的劳动实践和社会历史维度，现代西方哲学家无论是从人道主义批判维度、社会批判理论维度、抑或是从消费社会批判维度对日常生活问题所展开的分析和批判皆是片面的、不彻底的，仅仅停留于对日常生活异化现象本身的关注和思考，还只是局限于意识形态领域之内，未能揭示出日常生活异化产生的实质和根源，对马克思日常生活批判思想进行的阐释和拓展最多是一种文化和哲学意义上的努力和尝试，因而有其不可避免的理论局限性。就此而言，对于国外学者所开展的马克思日常生活批判思想的研究和探索，应当加以辩证的理解和对待，在看到其理论进步之处的同时亦能自觉到存在的不足，从而为我们扬弃和超越当前的异化困境，实现和推进当代人日常生活的合理构建和发展提供有益的思想借鉴，这也是本书写作要努力的目标和方向。

三　本书的研究思路与研究方法

（一）本书的研究思路

基于目前学界对马克思日常生活批判思想的研究成果，本书主要采取以下研究思路。第一部分：通过追溯思想史的方式来澄清和呈现马克思哲学所实现的"生活世界转向"。这部分内容主要是在马克思对"解释世界"的西方传统形而上学的历史性变革当中，展现出以"改变世界"为旨趣的马克思哲学对人的生活世界的关注和聚焦，因而构成了马克思日常生活批判思想出场的哲学观和思想史前提，可以看作一个"清理地基"的工作。第二部分：阐明马克思日常生活批判思想的逻辑前提，其中，实践观点的思维方式是马克思考察日常生活的思维前提；现实的人及其历史发展则是马克思把握日常生活问题的逻辑主线，指明这一逻辑前提的意义在于，实践观点的思维方式一经确立，就表明了马克思对人的真实理解，从而表达出一种关切和思考人的现实状况的日常生活批判态度和思想，以及基于此，马克思历史唯物主义所实现的关于日常生活的基本理解。第三部分：基于马克思历史唯物主义的视域展开对日常生活异化现实的深入分析和批判。将日常生活异化的本质归结为人的生存总体的异化，通过对宗教信仰和商品拜物教的双重批判，揭示出人在"神圣形象"和"非神圣形象"之中的自我异化的现实，并以资本逻辑为视角，指明资本逻辑支配下的异化劳动对现代人日常生活的宰制。第四部分：马克思日常生活批判思想的当代效应以及对这一系列思想效应的批判性反思。关于马克思日常生活批判思想所激起的思想效应，主要表现为现代西方哲学分别从人道主义批判维度、社会批判理论维度以及消费社会批判维度对其所做的进一步拓展与丰富。这部分内容竭力实现客观、辩证地理解和把握现代西方哲学的理论的历史贡献以及内在局限性。第五部分：马克思历史唯物主义对日常生活异化的超越及其所具有的时代价值。马克思将日常生活异化问题置于人类发展的历史进程来把握所体现出彻底的辩证态度，这表明了马克思历史唯物主义解决日常生活异化路径的根本性和现实性。而马克思对日常生活异化的解决是对日常生活异化的扬弃和超越，并最终指明日常生活的基本思想方向，敞开了一种自由个性的日常生活理想，从而为构建当代的日常生活提供了极为重要的思考和借鉴。

（二）本书的研究方法

首先，文本解读方法。通过全面、深入研读马克思日常生活批判思想的相关经典文本，以经典文本为依托和支撑，从马克思整体性思想语境中来分析和阐释马克思日常生活批判思想的逻辑前提、马克思对日常生活问题展开的历史唯物主义分析与批判、历史唯物主义超越日常生活异化的根本路径以及其对当代日常生活构建的思想启示，从而使得本书的研究具有夯实的理论基础和丰富的理论资源。

其次，逻辑与历史相统一方法。将马克思日常生活批判思想置于整个日常生活理论的思想史的总体中来理解，一方面采用"向前做"的研究方式，不仅深入分析和阐述马克思哲学对西方传统形而上学的革命性变革与向生活世界的彻底转向，同时运用"向后做"的研究方式，系统挖掘和阐发马克思日常生活批判思想在当代所激起的一系列思想效应，并对其进行批判性反思，立足思想史的总体视域，在传统与现代的"视界融合"中理解和领会马克思历史唯物主义把握日常生活问题的独特视域和理论贡献。

最后，理论与现实相结合方法。理论的产生往往是因为现实的需要，理论问题必然形成和源于现实问题，现实问题也都蕴含和反映出一定理论问题，因而应当坚持理论与现实相统一的原则。对马克思日常生活批判思想的研究也必须"回到生活世界，回到人本身"，立足于人类社会的现实问题，在当代日常生活异化的现实背景下，以马克思日常生活批判思想为理论资源，为当代人走出困境，构建和实现合理的日常生活提供重要的借鉴，同时在对现实问题的理解和揭示中也进一步丰富和发展马克思日常生活批判理论新的时代内涵，展现其内在生命力和时代意义。

四 本书的创新与不足之处

本书的创新主要是尝试和努力在理论层面上进行创新。一是立足于马克思实践观点的思维方式和现实的人及其历史发展这一重要逻辑前提，深入地阐释马克思对日常生活问题的历史唯物主义分析与批判，最终挖掘并开显马克思历史唯物主义扬弃和超越日常生活异化的现实路径与思想方向，力求做到系统、全面地呈现和阐明马克思的日常生活批判思想，掌握其理论实质和精髓。二是通过将马克思日常生活批判思想与当代人日常生活异化的现实问题相结合，以马克思历史唯物主义的根本视域去审视和把握日常生活的现代性处境，以期为人们正确理解和解决日常生活的异化状况，走出当前困境，进而从根本上实现和构建合理的、自由个性的日常生活提供重要的理论借鉴和思想启示。

当然，囿于理论视野和思维水平的有限性，本书的创新也只是基于以往研究成果的基础之上，在一定范围内或者一定程度上的一种尝试和探索，因而仍存在着诸多不足之处，在对马克思日常生活批判思想的深度和高度的把握与阐释上仍有待提升和完善。同时，在理论联系现实层面亦需进一步加强，从而充分挖掘和开显马克思日常生活批判思想的时代价值与意义。这些可能是本论文未来研究中需要努力和探索的基本方向。

第一章　马克思哲学的"生活世界转向"

任何思想都有其萌发和产生的理论前提与理论基础，马克思的思想亦是如此，马克思哲学的"生活世界转向"是马克思日常生活批判思想得以形成和问世的重要理论前提。就此而言，我们有必要首先对马克思哲学所实现的重大生活转向进行挖掘和阐释，以澄清和说明马克思历史唯物主义所具有的深刻的"生活"意蕴。

"生活"是马克思哲学的"基石"，马克思哲学"非常懂得生活"，关切和改变人的生活世界是马克思毕生追求的崇高事业与理想。可以说，作为"新唯物主义"的马克思哲学就是一种"真正的生活理论"和"真正的生活哲学"。"生活世界"得以在马克思哲学中出场，是建基于对西方传统哲学批判考察的基础之上的，正是在对以追求绝对存在、绝对根据为己任而遗忘和遮蔽人的生活的"解释世界"的西方传统形而上学的批判路向之中，马克思关注和聚焦人的现实世界，敞开了以"改变世界"为价值旨趣的新哲学视野，从而实现了哲学向生活世界的全面回归。

"生活世界转向"表明，马克思哲学对人的现实世界的关注和重视，关切和改变人的现实生活世界成为马克思哲学的重要主题和历史使命。立足于现实的日常生活世界，马克思哲学获得了客观存在基础和现实性内容，由此成为一种懂得人之生活的"真正的生活理论"和"真正的生活哲学"，从而彻底扬弃和超越了遮蔽和失落人之生存的西方哲学传统，最终实现了西方哲学史上的革命性变革。在此意义上，我们认为马克思哲学革命的实质就是实现了"生活世界转向"。以人的现实的日常生活世界为根基，马克思哲学不再如忽略和遗忘人之生存的西方传统形而上学那般沦为空洞的、抽象的理论，终结了"人学空场"的哲学传统，亦成为真正的"人类学"。

一 西方传统哲学对生活世界的"遗忘"

综观人类思想发展史，西方传统哲学从总体上来看，表现为一种以"解释世界"为原则和诉求的形而上学理论，始终表达出对世界得以存在之绝对本原与终极根据的深深追问与探索。伊始于古希腊自然哲学，经由中世纪神学再到近代德国古典哲学，皆是关于人之外那个永恒的"本体世界"的不断确证与求解，试图为人的生存提供"安身立命"之本。在对"世界何以可能"的这种形上本体的解释和说明中，西方传统哲学最终不可避免地"遗忘"和失落了人的现实生活世界。

（一）西方传统哲学"解释世界"的理论取向

探"本"溯"源"，寻"根"究"底"，求证终极"本体"，是西方传统哲学矢志不渝的形上追求，"一部西方哲学史，从一定的意义上也可以说就是围绕'本体论'理论的问题、难点、困境而衍生、展开和转型的发展历史"[1]，"本体论"即探讨和解释"世界如何起源"是自古希腊以来的西方传统哲学的核心理论。

作为西方哲学史源头与开端的古希腊哲学，主要围绕着"本原"和"始基"问题，探索和求解世界存在的终极根据和原因。希腊哲学的发源地爱奥

---

① 高清海：《马克思对"本体论思维方式"的历史性变革》，《当代国外马克思主义评论（4）》2004年4月1日。

尼亚，位于小亚细亚的地中海边，也就是今天的土耳其地区。所谓"爱奥尼亚哲学家"是指泰勒斯、阿那克西曼德与阿那克西美尼，他们师徒三代皆居住在米利都，因而被称为"米利都学派"。古希腊思想家们观察自然界，探索宇宙的奥秘，渴望和希冀在变化不已的自然现象中找出一个不变的本体。宇宙万物的根源是什么？他们开始在宇宙间的各种质料中找寻答案。大约在公元前6世纪时期，被誉为"哲学史第一人"的米利都学派的泰勒斯首先提出"世界的本原是什么"的哲学问题，继而以"水本原说"作出了回答。在泰勒斯看来，世间任何有生命之物都需要依靠湿气方能生存，"水"能提供源源不断的湿气，因而认为"水"是万物种子湿润本性的来源，具有滋养万物的作用，万物起源于水，一切都是由"水"构成的，甚至认为大地是浮在水上的，水是最好的事物。作为泰勒斯的学生，阿那克西曼德与老师的观点不尽相同。在著作《论自然》一书中，阿那克西曼德首先使用了"本原"一词，用以代表作为万物根源的原初要素。他认为万物复杂多样，变化无穷，其本原不应该是某种固定或者确定的质料，而应是"未定物"，也就是无限制、无界限、无定义之物，它包括一切，亦造就一切。通过永恒的运动，"未定物"分离出对立物——冷与热，冷者阴湿，变而为地球，位于宇宙中心；热者凝为火罩，包围地球，如日、月、星、辰。在关于世界本原的问题上，他的学生阿那克西美尼则主张"气本原说"，强调宇宙万物之本应该是"气"，气包括空气是有生之物呼吸所不可或缺的。阿那克西美尼认为"气"既不像"水"那么过于具体和有限，也不像"未定物"那样抽象和不着边际，"气"不仅富有水的湿润特质，同时总是在变化之中，因此可以转化和生成不同特性的自然万物。米利都学派之后，思想家赫拉克里特观察到宇宙流转变迁的现象，认为万物充满变幻，强调"火本原说"，认为世界的原初状态是"火"，它的"过去、现在、未来永远是永恒的活火"[①]，

---

① 《西方哲学原著选读》上卷，北京大学哲学系外国哲学史教研室编译，商务印书馆，1981，第21页。

世界就是一个"恒存的火"。在赫拉克里特看来，火是生命的象征，火的燃烧和熄灭构成了万物的周而复始、生生不息，而世界的秩序即火的"度量"，由"度量"进行适当的安排，其名为"逻各斯"。"逻各斯"这个概念对西方哲学产生了深远的影响，黑格尔认为赫拉克里特创造了一个"完美的哲学开端"，尼采也说"赫拉克里特永远不会过时。"作为毕达哥拉斯学派的代表人物，德谟克里特提出了"原子论"，指出世界生成的根据是原子和虚空。德谟克里特认为原子是不可毁灭的，是永远运动着的，原子的数目是无限的，甚至原子的种类也是无限的，无限存在的原子之间存在着虚空，而原子在虚空中由于相互冲撞所形成的漩涡运动即必然性最终构成了大千世界，"世间万物因原子的结合而产生，因原子的分离而消失"①。物体由原子组成，各类事物性质的差别是由原子的数量、形状以及排列的不同所决定的。德谟克利特把原子论贯穿始终，将人的灵魂也看成原子，人的感觉能力是由人的各种官能与其对象各自派出原子再相互碰触形成的。

可见，早期的希腊先哲们往往用"水""气""火""原子"等自然元素来说明世界万物的起源与生成，以"自然"解释自然，以"自然"理解自然。在此意义上，早期的希腊哲学家常常被称为自然哲学家，他们的哲学亦被视为"自然哲学"。自然哲学的出现和形成表明，人类认识逐渐打破了以神话解释世界的方式，试图用物质来解释自然世界的存在，这在很大程度上带有唯物主义的情感和成分。就此而言，我们认为德谟克里特的原子论学说是这一阶段所取得的最高成就，可以说他的学说把唯物论"倾向"进一步发展和完善。即便如此，自然哲学还是囿于简单化、经验化以及猜测性而最多表现为一种古代朴素唯物主义的立场。虽然早期的古希腊自然哲学难免带有一些主观臆想、猜测的成分，但这在一定程度上折射出他们关于世界本原问题的探索和思考，表达出尝试在宇宙世界本身之中去找寻和解答宇宙之谜的努力。

---

① 赵敦华：《西方哲学简史》修订版，北京大学出版社，2012，第28页。

伴随社会生产力的发展和人类思维能力的提升，古希腊哲学步入古典时期，逐渐克服自然主义哲学的理论弊端，体现出抽象思辨的特点，将人的理性归结为世界存在的绝对本质，走向了理性主义的理路。公元前4世纪，师从于早期自然哲学派的哲学家苏格拉底振聋发聩地提出了"认识你自己"的哲学命题，从而将哲学主题关于存在的终极追问拉回到对人自身的探究。在苏格拉底看来，自然哲学所探讨的"本原"是以自然物为依据，大家众说纷纭，没有确定的知识。所以，苏格拉底认为主宰万物的根据并非外在的物质性的本原，而是人对内在的目的、理智的认识，人应该认识自己，认识自己才能更好地认识世界。但苏格拉底又认为人的"理智是无形的、纯粹的实体，它推动万物而不被任何事物所推动，弥漫于世界而能保持自身的统一"[①]，绝对真理就存在于人的理性灵魂之中。作为苏格拉底的弟子，深受其老师启发和引导的柏拉图则以"理念论"表达了关于世界的认知。柏拉图认为"理念"即人的理智所认识的对象，"理念世界"是存在于具体可感世界之上的更为高级的、精神性存在，并统摄和规定着现实世界，现实事物皆因"摹仿"和"分有"了某个理念而具有了相应的特质。因此，在柏拉图看来，"理念"是一切存在的原因和根据，在其著作《蒂迈欧》中，柏拉图就借助于神话中的德米奥格，把原初质料塑造成万物的。既然世界万物是由理念统摄，那么认识世界在柏拉图那里也就是认识和把握作为最高存在的理念，理性的人应当追求、探讨永恒的普遍性理念而轻蔑和放弃肉体享受。在关于宇宙万物如何创生和推动的问题上，爱其师更爱真理的亚里士多德提出了与其老师柏拉图不同的哲学主张。亚里士多德一开始就指认第一哲学研究的是"第一本原和根本原因"[②]，即一切感性事物存在的根据和条件。在探讨万物的原因时，亚里士多德在研究了从泰勒斯到柏拉图的哲学成果基础之上，提出

---

① 赵敦华主编《西方人学史观念》，北京出版社，2005，第38页。

② 苗力田主编《亚里士多德全集》第七卷，中国人民大学出版社，1993，第31页。

了著名的"四因说"。具体来说，面对事物时，人们必须考虑到四方面因素：一是物体的实体即形式因；二是物体的质料即质料因；三是物体的形成动力即动力因；四是物体存在的目的即目的因。此四因可简化为二因，也就是"质料"与"形式"也称"质形论"，因为在物体的形式中常常隐含着它的动力因与目的因。亚里士多德的"四因说"理论认为，自然哲学家的有形"质料"和柏拉图的"理念"形式均不能单独成为万物存在的原因，构成事物的质料只有在形式的规定下才能使事物由潜能变为现实，因而形式是事物存在和变化的根本原因，是第一实体。为解释可感物理实体的合理性，亚里士多德最终赋予最高实体和首要原因以"神"之名，在物理领域之外设定一个超自然的神圣领域，这对形而上学与各种宗教神学产生了非常重要的影响。

步入中世纪，哲学沦为"神学的婢女"，服务于宗教神学，神学家们关心的主要问题是上帝存在的证明、上帝何以创造宇宙万物、人如何认识上帝等，是关于世界的"神本"说明史。奥古斯丁作为教父哲学的集大成者，其全部理论都是为论证上帝而提出的。奥古斯丁认为上帝是无限的实体，上帝自本自因，自根自据，上帝是永恒的存在，超越了时间和空间，"至高、至美、至能、无所不能"[1]，因而是伟大的造物主，包括人在内的世间万物皆是上帝从虚无中创造出来的，万物皆在上帝的掌控范围之内，上帝居于万物之上，万物是上帝本质之外在的、有限的反映。那么上帝是如何创造万物的呢？奥古斯丁指出"圣言"是上帝造物的唯一"工具"，上帝凭借"'道'——言语——创造万有"[2]，上帝除了创造和管理万物以外，还以"光启"使人的心智了解永恒而必然之真理，因此人要效仿上帝和服从上帝，以免遭受责备和惩罚。与奥古斯丁一样，安瑟尔谟也认为一切存在物都通过上帝而存在，上帝不仅真实地存在，而且它是"通过自身，并从自身来

---

[1] 〔古罗马〕奥古斯丁：《忏悔录》，周士良译，商务印书馆，1963，第5页。
[2] 〔古罗马〕奥古斯丁：《忏悔录》，周士良译，商务印书馆，1963，第236页。

的"①。由此，安瑟尔谟在《宣讲》中提出了著名的关于上帝存在的"本体论证明"，他证明上帝存在的前提即是上帝在自然序列中排位最高，上帝是最完满的东西，无论是观念中还是现实中，没有其他任何事物比上帝具有更完满的属性，人不可能想象出比上帝更高的事物，"如果有某个心智可以想象比你更好的，这个被造物就攀升到了造物主之上，裁判造物主——这明显是荒谬的"②。这样，安瑟尔谟就运用逻辑的推导，从上帝的概念中推导出了上帝的绝对存在。中世纪经院哲学的代表托马斯·阿奎那也坚信上帝的存在，并强调关于上帝的存在不能如安瑟谟尔那样基于先在预设证明，而应当依据于后来的经验事实，可以从上帝造物这一事实层面予以证明。基于此，托马斯·阿奎那在《神学大全》中提出了证明上帝存在的"五路"，从五个方面逐步论证上帝的实存。即以较低层次的可感事物为起点，一步一步推论出作为其最初原因或终极原则的上帝。他的五路证明核心在于万物之存在必须有其充足的理由，而万物存在之充足理由就是上帝。关于上帝创造万物的问题，托马斯·阿奎那强调不能说"世界从永恒就开始存在"，而只能说"上帝自由地从永恒创造世界"。而对于我们如何了解或者描述上帝，他认为最合适的描述是他在《旧约》中对摩西所说的"我是自有永有的"，上帝的本质包含了存在，上帝自身即存在。总的来说，中世纪哲学始终围绕着"上帝存在的证明"的论题，以上帝这一最高实体来解释和说明客观世界的产生和发展，将世界本原诉诸上帝这一唯一的、更加抽象的绝对存在。事实上，企图维护上帝的本体作用和意义的中世纪哲学其最终目的在于通过论证上帝作为世界来源和依据的至高地位，实现为基督教教义服务和辩护的使命。

随着自然科学的兴起，近代哲学无论是唯理论还是经验论，着重探讨了认识论问题，从认识论的视域出发去研究本体，"将本体是什么的问题转

---

① 赵敦华、傅乐安：《中世纪哲学》上卷，商务印书馆，2013，第711页。
② 赵敦华、傅乐安：《中世纪哲学》上卷，商务印书馆，2013，第766页。

化为人如何获得关于本体的正确认识的问题"①，开辟了反躬自身追寻世界存在根据的"内在性"道路。"近代哲学之父"笛卡尔"我思故我在"命题的提出表明人的自我意识的觉醒，理性思维成为人的认识产生的唯一合法来源和标准，理性思维取代了以往的感觉和经验，确立了人对世界万物的理性思维判断的主体地位。以笛卡尔、斯宾诺莎和莱布尼茨为代表的唯理论普遍主张"天赋观念论"，强调理性的重要性，认为理性是检验和实现关于世界认知的真理的标准、规制，要获得准确有效的知识必须依靠理性直观，人类关于万物的思考、真理的探求等等必然知识均属于"天赋观念"，是先天就已经存在于人的心灵之中的，经过人的理性逻辑加以推理，从而达到"人的心灵与整个自然相一致"②的境界，外物刺激的感觉是十分不可靠的。与唯理论相反，以培根、霍布斯、洛克和休谟为代表的经验论却肯定感觉经验的先在性，认为感觉经验是知识的唯一来源和基础，感性经验是客观世界的真实反映，只有感性经验才是最为可靠的，人们对于世界的探索归根到底也都是依靠后天所生成的经验，人们所拥有的知识不过是感觉印象的"联系、置换、扩大、缩小"。由此一来，围绕着真知的来源与标准等认识论问题，唯理论与经验论之间形成了鲜明的唯心论与唯物论的立场分野。拉美特利、爱尔维修、狄德罗以及霍布斯等18世纪法国哲学家在此基础之上，形成了机械唯物主义世界观，试图以机械唯物主义原则考察、理解自然界与人类的存在，把世界的统一性归结为物质，认为一切存在都是物质运动的必然结果和产物，提出了"动物是机器"和"人是机器"的说法，认为人的精神不过是对物质世界的机械式和直观式反映。直至19世纪，德国古典哲学延续了近代哲学的"理性人"观念，黑格尔将其发挥到

① 王国富：《西方哲学史的本体论思考方式研究》，社会科学文献出版社，2018，第136页。

② 《西方哲学原著选读》上卷，北京大学哲学系外国哲学史教研室编译，商务印书馆，1981，第406页。

极致，认为人的理性是自由自在的、永恒存在的，是充满神圣的绝对理性，绝对理性"构成世界的内在的、固有的、深邃的本性"①，是一切存在物的客观先在性本原，人和自然万物都是"绝对理性"不断外化的环节和产物，从绝对理性实体出发论证世界的终极性存在。费尔巴哈批判黑格尔唯心主义哲学颠倒了第一性和第二性的东西，强调自然物质先于人的理性精神，认为自然界是"非产生""非创造"的，不仅是永恒的实体，更是第一位的存在，作为自然有机组成部分的人类直接是从自然界产生的，人的身体和精神都是自然发展进化的结果，自然才是整个世界的基础，主张从感性自然出发探究人类世界的起源和产生。

通过历史回溯与考察，从整体上来看，西方传统哲学关注和研究的核心问题始终是关于世界的本原问题，以追问和确证世界存在之绝对根据和普遍原则为出发点和归宿，实质上是关于世界的终极性真理的本体论哲学，因而体现出一种鲜明的"解释世界"的理论取向和理论追求。可以说，围绕着永恒本体进行体系建构是西方传统形而上学的理论本性。西方传统哲学往往通过理性思辨的方式，试图超越各种变动不居的现象，去寻求和揭示隐藏于现象之后不变的实体，譬如古希腊哲学所指的自然物质、中世纪哲学力证的上帝、柏拉图哲学强调的理念乃至黑格尔哲学体系中的绝对理性等等，无论这些实体是具体之物抑或是抽象概念，它们最终所指向和实现的都是关于世界本原的说明和确证，从而为人类生存提供内在依据和支撑。虽然，不同的哲学家所预设和规定的实体的具体样态不尽相同，表现出巨大的差异性，但事实上，实体都是他们所追逐的终极目标，他们都是力图从某种超验的、终极的实体出发去解释和论证一切存在，以纯粹思辨的方式建立一套支配和主宰宇宙万物的最完满的知识论体系，从而在最深刻的层次上或者最终的根源上阐释世界的存在和发展，达到和实现对于整个世界的彻底认知和理解，以回

---

① 〔德〕黑格尔：《小逻辑》，贺麟译，商务印书馆，1980，第80页。

答人的生存合理性的问题。换而言之，对于西方传统哲学来说，"渴求对世界的终极性把握和解释，是其具有首要意义的主导取向，也是其理论探讨的核心内容"①。这样一来，以"终极本体探究"和确立最高"统一性原理"为诉求和主旨的传统形而上学便往往总是通过一种抽象的终极解释和原则去考察和说明世界，在理解世界的过程中将现实的世界看作某种超验的、永恒的实体，实体的存在等同于现实的存在，现实是实体的变相，这种立足于抽象实体、绝对原则理解自然世界的做法导致西方传统哲学关于人类生活世界的理解和把握只能是思辨的、抽象的，因而结果只能如马克思所批判的那样，仅仅是"用不同的方式解释世界"。在此，需要强调的是，将西方传统哲学视为"解释世界"的理论，并非完全否定其所体现出的改造世界的初衷和希冀。具体来说，如柏拉图一生都致力于寻求和造就出一个近乎完美的"哲学王"来实现对现实政治国家的引领和治理，使人的现实世界达到"理想国"的状态。培根则振聋发聩地喊出"知识就是力量"的响亮口号来召唤和激励人们主导世界、改变自然世界。除此之外，甚至被公认为是最晦涩难懂的德国古典哲学也被马克思冠以"法国革命的德国理论"之称。西方哲学家们在关于世界本原的不懈探索之中，无疑也内在地蕴含着他们改造世界的目的和要求，祈盼人类世界至真、至善、至美的夙愿和理想。但令人深感遗憾的是，他们"这种改变意识的要求，就是要求用另一种方式来解释存在的东西，也就是说，借助于另外的解释来承认它"②，也就是说，在马克思看来，这些理论归根到底也只是为世界找到了"抽象的、逻辑的、思辨的表达"，仅仅停留于在思想领域去解释和探讨人类世界的产生与发展。也正是在此意义上，我们认为西方传统哲学并没有"改变世界"，抑或说最多是一种"思辨的幻想"和"观念改造"，而始终无法做到真正的

---

① 白锡能：《终极关怀与西方哲学史的基本精神》，《厦门大学学报》（哲学社会科学版），1997年第3期。

② 《马克思恩格斯选集》第1卷，人民出版社，2012，第145页。

现实改变。无论如何，以"解释世界"为理论本性的西方传统本体论哲学虽存在根本缺陷，却描绘出一幅超感性的令人神往的理想世界图景，在一定程度上启迪了人类关于生活世界的思考，激发了对于美好生活的期待和向往。

（二）在"解释世界"中"遗忘"生活世界

通过分析，我们知道西方传统哲学是以"解释世界"为理论原则和内在构架的哲学。如此一来，"解释世界"这一点就从根本上引导和规定着西方传统哲学的具体的理论主题、运思方式、表达方式和终极关怀。在对世界终极性存在和本体的不断求证和解释之中，导致西方传统哲学从生活之外出发来考察和理解人的现实生活世界，于是最终不可避免地"失落"了人本身，进而"遗忘"了人的现实生活世界。西方传统哲学在"解释世界"的问题意识的支配之下，以实体本体论的思维方式来理解和把握人类世界。那么，到底何谓实体本体论的思维方式？思维方式是人们考察和理解事物的立场、态度和方式，对于认识和探究世界具有重要的作用。所谓实体本体论思维方式，"就是指把存在预设为实体，把宇宙万物理解为实体的集合"①，并以此为前提解说和诠释人的生存世界，或者说是以实体的眼光审视和看待世界的一切的思维。换而言之，从预定的、超验的实体出发解释事物存在和产生的根由。本体论哲学总是强调追寻和把握作为本原或者"存在本身"的实体，只有通过实体才能使现实的经验世界得以说明和理解，实体不受经验的规制和影响，它自身是一个完满的、具有终极性始因的存在。因而在西方传统哲学那里，本体往往是绝对自足、至真至善的实体，诸如自然哲学强调的物质实体、柏拉图推崇理念实体、中世纪重视的上帝实体以及黑格尔预设的理性实体等等，这些形态各异的实体都被规

---

① 胡海波、庞立生、魏书胜：《马克思主义哲学论纲》，吉林人民出版社，2005，第29页。

定为是第一性的、全知全能、且绝对完满的世界本体。对于这种实体化的本体的追求，表现为以两极对立为前提所实现的单极的绝对同一性的思维范式。将存在的事实和存在的本体分离开来、对立起来，是实体本体论思维的基本前提。正因为如此，西方传统哲学的思维方式总是表现出绝对主义、还原主义和本质主义的鲜明特征。

具体来说，强调绝对存在和追求终极真理是西方传统哲学实体本体论思维方式的首要特质。早在两千多年前，柏拉图就已经明确地指出哲学首先必须作出区分，区分永恒存在的真实的实体和变化多端的非真实的存在。自柏拉图之后，追逐终极存在、探求永恒真理便成为本体论哲学的最高目标。然而，要实现终极性的存在和真理，则必须放弃感性世界的存在和感官的认识。本体虽不可见，它的存在却是实实在在的，是真实有效的，所以，本体的思维方式往往表现为一种绝对化的思维方式。坚持本质在先、追求本原是这一思维方式所体现出的另一个重要特征。在西方传统哲学本体论思维方式下，最先存在的实体是最好的东西，拥有至高无上的地位，也是最为真实的东西，正如亚里士多德所言说的"极因才是善"。由此，西方传统哲学认为要想弄清楚一个事物首先应当去求证它的原初性存在、它的初始状态，源头体现着它的本真。在这个意义上，我们说本体论思维方式是一种还原论的思维方式，还原也就是返回事物开端和构成之处，与事物发展所需要的"超越"是对立的。这样一来，这种还原的思维方式就将一事物的存在与它的理想变为同一个东西。比如，它把人的行为与动物的行为相等同，动物的行为方式已经预先规定和包含在其所从属的物种里面了，甚至认为人的未来和现在似乎也早已由先在的本质规定好了。基于此，西方传统哲学才坚信，只要抓住了先在的本质，破解了"第一原理"问题，也就自然而然地找到了宇宙的奥秘所在，牢牢掌握了人类的命运，因为一切存在的事物皆可从它那里衍生和推理出来。以绝对主义、还原主义和本质主义为特点的传统哲学就不可避免地陷入两极对立的形而上境地，从对立的两极出发去把握绝对一元本性是本体思维的基本方法。依据传统本体论思维方式，必须把对象肢解为二，划分为对立的两个方面，但同时仍必须坚持实在本性为一。从表面上看，这种思维方式似乎是一种对立统一的辩证思维，但其实不然，恰恰与之相反，因为它设定二元对置的目的仅仅是为了取消这种对立，从而完全肯定一方，彻底否定和排除另外一方，最后再从中找出本质存在。也就是说，这种对立的设置完全是服务于一元的本体，为了达到对本体这一最高存在地位的维护和巩固。本体论的思维方式在其本性上，无疑是一种瓦解矛盾的抽象思维方式。事实上，这正是恩格斯所深刻揭示的"或此，或彼"的形而上学的思维方法。就此而言，我们不难发现西方传统哲学总是不可避免地将对象区分为本质与现象、质料与形式、感性与理性、物质与精神、主体与客体等等知性对立的矛盾方面，并最终在绝对同一性之中瓦解和取消矛盾，走向了对单极的本体世界的追寻和求解。

传统本体论思维方式在二元对立的思维方式之中寻求抽象统一的本体根据，在彼岸的本体世界中找寻和求索此岸的现实世界存在的根据，从生活之外来考察和理解人的现实生活，于是不可避免地造成西方传统哲学在不断趋向和接近本体世界的同时，也愈来愈"遗忘"和"失落"了人及其现实生活世界，人的现实生活世界反而被忽略乃至遮蔽了。我们不可否认，本体论作为人类存在、生活世界的解释原则是属人的，本体论思维方式在一定程度上表达了人的观点，体现了人从自身出发思考和把握对象世界的一种方式，于现存世界之外去设想和追求完满的本体世界，这是人的本性，也只有人才不满足于现存状况，总是试图寻求和规划一种完美的理想式的存在，动物是不会有这种作为的。探寻现实之上的理想存在，是人的固有的"形而上学"本性。关于此，我们可以深深地感受到，比如柏拉图的"至善理念"、亚里士多德的"不动的推动者"乃至黑格尔的"绝对精神"，无不体现着人的最高理想和愿望。然而，同样不可否认的是，本体论的思维方式的最大弊端和病症也正是在于此，它企图以本体的形式去审视人，以虚构的本体世界取代人的现实世界，"恰恰是把人变成了非人，把现实世界变成了非现实的世界"①。结果，诚如马克思曾经指出的："如果想在天国这一幻想的现实性中寻找超人，而找到的只是他自身的反映，他就再也不想在他正在寻找和应当寻找自己的真正现实性的地方，只去寻找他自身的映象，只去寻找非人了。"②显而易见，这种借助于本体的形式去解释人、解释人的现实世界，最终导致人走向了非人化，现实世界也失去了现实性，以至于"本源性"的"形而上学"世界才是"真实的和真正的现实的世界了，与之相区别，感性世界只不过是尘世的、易变的、因而完全的表现的、非现实的世界"③，本体世界完全取代和掩盖了现实世界的存在。

在本体的统摄和规制之下，人的伟大与崇高归功于超验实体的安排，人的生活世界服从和遵循于超验实体的统治，本体愈是完善，现实世界就愈被肢解；本体愈是提升为主体，主体就愈是沦为非人；本体愈是在场，人的生活世界就愈是退场。这样一来，现实的人及其生活世界被彻底悬置了起来，成为存在着的虚无。从根本上来看，实体本体论为人提供的至多是一种抽象的精神层面上的自由，而对人的现实生活世界的改变，它依然是无法实现的，甚至是无能为力的。虽然实体本体论在西方哲学发展史上根深蒂固，影响十分深远，发挥着其不可磨灭的理论价值。作为时代精神的体现和凝结，它在一定程度上彰显出人类在探求真知，尝试解答关于自身生存与发展问题层面所做出的思考和努力，深刻地表达出一种对于人的命运深切关怀的生活诉求和生活理想，这为一定社会发展状况之下的人们带来了美好的生活遐想和生活期许。正是在此意义上，西方传统本体论哲学在一定历史时期起到了重要的支撑性作用，推动了历史的发展。因为在人们尚且缺乏改造世界的现实力量的状况下，

---

① 高清海：《找回失去的"哲学自我"：哲学创新的生命本性》，北京师范大学出版社，2004，第146页。
② 《马克思恩格斯选集》第1卷，人民出版社，2012，第1页。
③ 孙周兴选编《海德格尔选集》下，上海三联书店，1996，第770～771页。

它具有鼓舞人心、提升人性、解放思想的重大作用和意义。但令人感到遗憾的是，实体本体论哲学为人们提供某种希望的同时，亦掩饰和遮盖了现实生活的苦难乃至人的真实生存状态，终究无法解决人的现实问题。因此，改变人的现实生存及生活世界始终是时代的内在性要求和理论的历史性必然。

二　马克思哲学向生活世界的"回归"

与传统本体论哲学孤立地、抽象地追问和确证作为"世界统一性"的终极存在以及作为"知识统一性"的"解释世界"的立场不同，马克思自觉地从人的活生生的现实世界出发来理解和审视"世界观问题"，从而形成和确立了以"改变世界"为理论诉求和价值旨趣的实践视野，将"改变世界"作为哲学的真正使命和归宿。在对人类生存世界的现实批判和合理"改变"之中，马克思哲学最终实现了向生活世界的全面"回归"。

（一）马克思哲学"改变世界"的价值旨趣

在被恩格斯称为"天才萌芽的第一个文件"的《关于费尔巴哈的提纲》中，马克思旗帜鲜明地指出："哲学家们只是用不同的方式解释世界，问题在于改变世界。"[①]至此，这一经典论断成为后世人理解和钻研马克思哲学的一把密匙，它体现了与以往传统哲学相比，马克思哲学所面对和思考的理论问题从根本上发生了转变。也就是说，马克思哲学是以"改变世界"为历史使命的，"改变世界"是马克思哲学的价值旨趣和终极追求。在马克思看来，西方传统哲学从整体上而言是以实体本体论的方式试图达到对世界的终极性说明和理解，所要探讨和解决的核心问题是围绕着"解释世界"展开的，也就是在于理解和说明世界的本原存在和绝对根据的问题。然而，哲学要解决的

---

①《马克思恩格斯选集》第1卷，人民出版社，2012，第136页。

问题，马克思认为主要不是"解释世界"的问题，而是"改变世界"的问题。因为"任何真正的哲学"必须关注"现存世界"，"自己时代的世界"，"人类世界"，把人们的全部注意力集中到自己身上来，并下决心改造现实世界，使人们的现实世界发生"实际的改变"。由此可知，面对世界，马克思哲学所产生的问题意识发生了根本转变，它彻底改变了哲学提问的方式，批判和变革了以各种理论方式"解释世界"的知识论立场的西方传统哲学，开启了一种崭新的问题域，使"现存世界的革命化"成为马克思主义哲学贯穿始终的思想问题，从而确立和敞开了哲学以改造世界为价值旨趣的根本指向。也就是说，在马克思那里，哲学的最高目标和价值追求是改造世界，哲学的使命是为无产阶级解放提供思想武器，哲学并非绝对真理的体系，而是对人的现实世界进行批判的实际力量。在"改变世界"这一问题意识和价值指向的指导之下，马克思哲学也便不再表现为解释世界的实证知识，而是体现为改变世界以实现人类解放和发展的价值理念。在此意义上，我们认为马克思提出"消灭哲学""终结哲学"的历史任务，这并非是说马克思真的要消除和终止哲学，而是说马克思决心"抛弃"那种远离和遗弃人的现实世界的"思辨哲学"，要"使哲学成为现实"[1]，让哲学真正成为改变世界的"武器"和力量。

　　以"改变世界"为价值旨趣的马克思哲学是"直面事情本身"的哲学，直接面向人的现实世界，从而形成了一种"新世界观"。因为"一种哲学理论的价值诉求，从根本上决定该种哲学对'存在'和'真理'的理解，因而从根本上决定该种哲学的世界观。"[2]所谓的"世界观"从来都不是指人站在世界之外去静静地、沉思般地"观世界"，"那种被抽象地理解的，自为的，被确定为与人分隔开来的自然界，对人来说也是无"[3]。换而言之，静观世界

---

① 《马克思恩格斯选集》第1卷，人民出版社，2012，第9页。

② 孙正聿：《历史唯物主义与哲学基本问题——论马克思主义的世界观》，《哲学研究》2010年第5期。

③ 马克思：《1844年经济学哲学手稿》，人民出版社，2000，第116页。

从而形成的只能是关于"整个世界"的纯粹知识和理论，这种世界观以对"整个世界"作出具有"最大普遍性"的绝对的解释和说明为目标和追求，它把"整个世界"作为解释的对象和内容。在这种世界观中，充满感性的自然界、物质世界不过是人们眼中的观察对象，成了虚幻的、抽象的存在。在此意义上，我们以往对世界观的理解和说法需要加以重视和反思。传统哲学以"解释世界"为理论诉求，从人的世界之外对世界的存在和真理作出狭隘的认识论理解，因此只能是一种"解释世界"的世界观，以"解释世界"的方式去"面对现实"。然而，马克思哲学的"世界观理论"是人立足于自身的生活过程来不断地反思、协调人与世界的现实关系。在马克思哲学的视野中，人的世界不是某个哲学家从自己头脑中臆造出来的虚幻的"观念世界"、亦不是机械直观到的单纯的"物质世界"，而是现实的生活世界，也即人们生活于其中并由此形成对象性关系的"现存的感性世界"，是真正的"属人的世界"，它与人有着密不可分的关系，对人来说是具有重要价值和充满意义的存在，因而是值得人们关注和加以研究的世界。对于人的现实世界而言，使其不断获得改变和提升，进而朝着有利于人的解放于发展的方向前进是马克思哲学致力于解决和探索的根本问题。立足于"改变世界"的这一根本性价值立场，马克思哲学力求回到现实的人和现实的世界中来，它对人与世界的真实关系的理解和把握，不仅要考察人对世界的"认识"问题，还要审视人对世界关系的评价问题，更要思考现实的人及其世界的发展问题，因而彻底终结了以往旧哲学的"解释世界"的世界观，成为一种"改变世界"的新世界观。这种"改变世界"的新世界观不是企图对世界作出某种永恒的终极性解释，而是不断地引导人们改善和推动人与世界及其关系的世界观理论。正是在这个意义上，恩格斯强调马克思哲学"已经不再是哲学"而是"世界观"。

那么，紧接着又产生了这样的疑问：难道马克思哲学就只"改变世界"，而不"解释世界"了吗？回答当然是否定的。因为以"改变世界"为价值旨趣的马克思哲学已然包含着对世界的解释，而且是一种更为科学的解释，

"解释世界"与"改变世界"是内在地、辩证地统一于马克思的哲学之中的。在人们通常的理解中,很容易将马克思在《关于费尔巴哈的提纲》中的观点断章取义,作出片面化理解,进而认为马克思轻视和否定解释世界,而注重和强调改变世界,往往以二元对立的方式来理解马克思的关于解释世界和改变世界的这一著名论断,这显然是对马克思的不解和误解。事实上,作为"世界观理论"的哲学的首要功能就是"解释世界",它是一种理论形态的存在,它直接的社会功能首先就表现为关于"世界"、"社会"、"历史"乃至"人生"的理论"解释",对我们所身处的生活世界作出这样或者那样的不同理解和解释。

然而,哲学不只具有"解释"的功能,还具有"改变"的功能,不仅仅对世界的本原、世界为何如此这般的"为什么"的问题进行回答,更要对世界应如何、向何处去的"怎么办"的现实状况的改造,后者是哲学所要解决的更为根本性的问题,也是哲学的旨趣所在,而"改变世界"的价值诉求往往已经被先在地预设和内含在某种解释当中。换而言之,"任何哲学——包括马克思的哲学——都首先是一种解释世界的方案,也都诉诸于对世界的改变。"① 正如海德格尔提出的令人深思的追问那样,"解释世界与改变世界之间是否存在着真正的对立?"② 显而易见,答案是否定的。解释世界与改变世界之间绝非彼此分离、截然对立,问题的关键不在于要不要解释世界,而在于如何去解释世界,并最终对世界做出了何种改变。在马克思哲学那里,解释世界当然是改变世界的重要理论前提和理论基础,对世界进行科学的解释为人们改变世界无疑提供了更加合理的理论视野和方法论原则;改变世界是解释世界的内在价值诉求和终极目标,解释世界的初衷和目的绝不是为了单纯的知识层面的解释而是改变,对现实世界做出更加深刻的反思和根本的改

---

① 范迎春:《马克思主义哲学的解释世界与改变世界的内在贯通》,《青海社会科学》2017年第3期。

② F. 费迪耶:《晚期海德格尔的三天讨论版纪要》,丁耘摘译,《哲学译丛》2001年第3期。

变。因此，解释世界与改变世界之间是辩证统一的，内在统一于人的现实生活之中。以往旧哲学以抽象的本体原则说明世界本性，这导致其改变世界的诉求往往与人的现实生活世界无关，因而只能沦为解释世界的"批判的武器"。然而，"批判的武器当然不能代替武器的批判"①，马克思哲学改变世界的价值旨趣内在蕴含着对世界的现实性理解，改变的真实内涵不是体系般地设想和统治未来，而是"在批判旧世界中发现新世界"②，进而寻求和建立实现人类解放的现实道路。质言之，马克思哲学不仅科学地解释世界，更"合理地改变世界"，是解释世界和改变世界相统一的新哲学。

（二）在"改变世界"中"回归"生活世界

在马克思哲学看来，改变世界从来就不是纯粹的理论问题，而是一个复杂的实践问题，实践是改变世界的根本性和现实性道路。恩格斯《在马克思墓前的讲话》中认为，马克思首先是一个革命家，是一个战斗者。的确如此，马克思向来极为反对"哲学，尤其是德国哲学的爱好宁静孤寂，追求体系的完满，喜欢冷静的自我审视"的偏执和狭隘的理论态度，认为唯有借助于实践的方式，依靠实践的巨大力量，改变世界才是可能的和可行的。换而言之，对于世界的改变绝对不只是观念认识层面的任务，而是现实生活实践的任务，理论的批判只有转化、回归到物质批判层面，才能发挥其改造世界的功能与作用，马克思将改变世界诉诸实践，诉诸人的真真切切的行动。而以往的传统哲学之所以未能真正地解决这个任务，正是因为它将改变世界仅仅看作是理论的任务。马克思认为，"对实践的唯物主义者即共产主义者来说，全部问题都在于使现存世界革命化，实际地反对并改变现存的事物"③，这里的"现存世界""现存的事物"也就是马克思所强调的现实生活世界，

---

① 《马克思恩格斯选集》第1卷，人民出版社，2012，第9页。
② 《马克思恩格斯全集》第1卷，人民出版社，1956，第416页。
③ 《马克思恩格斯选集》第1卷，人民出版社，2012，第155页。

立足于革命实践对生活世界进行实际的改造，彻底地批判和改造束缚人、压制人的一切生活关系，从而使世界真正成为人的世界。通过人的真实的实践活动，去彻底地改变自身的生活世界，这是马克思哲学的价值诉求和价值旨趣。关于改变世界的实践原则和实践立场，马克思在写作于1845年的《关于费尔巴哈的提纲》这一著作当中曾作出了重要的说明和论述。在开篇的首句，马克思就明确地指出实践立场是他的哲学与以往哲学相区别的根本之处，强调以实践来考察一切存在，将人的现实世界当作实践活动去理解和把握。紧接着，马克思将人们关于现实世界的观念认识也归结为实践问题，认为人的观念思维是否具有客观真理性，这仍须在实践过程中进行考量和检验。最后，马克思在文末精辟地总结了改变世界是哲学的本性和真正使命，而对于世界的改变只能依靠人的现实的实践活动，哲学应当通过实践改造世界的终极价值意义。总而言之，改变世界在其本质上是实践性的，实践是马克思哲学改变世界的密匙。人类实践的历史性发展决定了对世界的改变、对生活状况的改变不是一蹴而就的，而是一个漫长的、极为艰巨的过程，改变世界绝非一朝一夕的容易之事，是巨大的历史性过程。伴随着实践活动范围的扩大，实践能力的进步，生活世界亦不断朝着人们所期待的理想状态迈进，进而在人类的日益改变之中实现显著提升与发展。正是意识到改变世界的复杂性和艰巨性，马克思倾其毕生精力而为之，甚至为这项人类性事业献出了宝贵的生命。可以说，作为具有彻底的批判精神和革命气质的思想家，马克思的目光从未离开过现实，没有一个人像马克思那样聚焦人的现实世界，并站在社会历史实践的高度上去思考和探索如何改变人的现实的生存世界。

在对世界的彻底地、实践地改变过程中，马克思哲学从"天国"回到"尘世"，不断与现实的感性世界"接触"并"相互作用"，进而真正成为批判和解放生活世界的物质性力量，最终实现了向人的生活世界的全面回归。在马克思哲学中，"实践"具有最为基本的和决定性的意义，这是理解马克思哲学何以改变世界的关键之处。所谓实践，马克思理解为一种人类改造客观物质世界的对象性活动。这种对于实践的理解，既非传统哲学中唯心论作出的抽象观念活动的理解，亦非唯物论表现出的受动性活动的理解，而是一种主观见之于客观的"人的感性活动"或"对象性的活动"。也就是说，一方面，作为实践活动的主体，人在实践过程中把自己的目的和要求贯注到认识和改造的对象中去，有意识地使对象发生合目的性改变。另一方面，实践活动作为人的客观物质性活动，它面对的是客观物质世界。实践活动中的人在改造客观世界的同时，也必须尊重和遵循客观世界规律。因此，马克思哲学所理解的实践是主动性与受动性、"人的尺度"与"物的尺度"相统一的活动。在马克思看来，在这种人类改变世界的对象性实践活动中，客观自然界逐渐进入人的视野，被纳入人的活动领域内，自然世界便成为人认识和改造的对象，它随着人的感性的实践活动的展开，不断从自在自然生成为人的对象性自然，成为人的现实世界，即人的现实生活的世界。依靠实践，自然世界不再是传统本体论哲学所理解的人之外、仅仅为人们所认识和探求的头脑中的存在，一切自然世界都成为人的本质力量的确证和实现，是人的自身的对象化，自然的自在世界在人的活动之中也日愈蜕变为自为的、属人的世界，这种自然世界与人之生存息息相关、密不可分，成为人的现实的存在。由此可见，通过感性的物质实践活动，马克思哲学坚持了自然世界的客观实在性和优先性地位，从而真正使自然世界从"本体"的统治和压抑下脱离和解放出来，赋予自然世界以客观的现实性内容，使之成为人类批判和改造的真实对象，并将其塑造和提升为承载着深刻意义与重要价值的现实的人的生活世界。在对人与世界关系本质的实践性把握与理解中，马克思哲学彻底地回归于人的现实生活。

立足于实践活动的现实根基，马克思哲学开启了"生活世界的转向"。换而言之，与传统哲学沉迷于抽象的本体世界不同，马克思哲学的出发点和立足点转向现实的人的生活世界，从而真正成为一种关注和聚焦人类生活的现实的哲学理论。提及和谈到"生活世界",人们往往想到的是著名哲学家胡塞尔,认为以胡塞尔为首的现代西方哲学基于反叛传统形而上学对人性的遮蔽和压抑所提出的关注人的现实生活的理论,标志着整个近代哲学从"认识论"向"生活世界"的转变,将"生活世界"看作是现代西方哲学的"首创"和"专利"。传统哲学在探究人类世界的时候,由于不能正确认识和理解人的本质与存在方式,结果造成都在人的生活之外的本体世界去寻找解释世界的本原,导致自然变成脱离人的自然,自然世界成为空无一人的"荒野自然",把对人的现实的此岸世界的研究推到抽象的彼岸世界。现代哲学把目光定位到人和人的生存世界本身,使哲学的研究对象从与人无关的彼岸世界重新回归人的现实生活的此岸世界。这样,自然世界就不再是脱离人的自然,而是将自然世界与人之生存关联起来,成为能充分体现人的生存和生命意义的生活世界。就此而言,我们认为现代西方哲学的确具有突出的理论贡献,这是毋庸置疑的。但倘如基于此便将现代西方哲学看作是引起和实现哲学向生活世界回归的观点,却是不合理的。因为,这里需要进一步思考的是现代西方哲学口中的生活世界是否是人的现实的世界,他们所力求实现的生活世界转向的途径是什么,这种途径是否具有根本性和现实性,这些都是问题的关键所在。也正是对这些问题的处理不当,使得他们最终不可避免地陷入了理论困境之中。关于此,我们会在本书之后的相关内容中作出详尽阐释和说明,此处不再赘述。通过上文的系统分析和阐述,我们不难看出,马克思所创立的以"改变世界"为理论诉求和价值指向的新哲学,不仅把哲学的主题从本体、从理性转向人的现实的生活实践,使得哲学的研究对象从人之外的彼岸世界转向人生活于其中的此岸世界,而且从根本上将哲学现实化为反映、表征人类自己"时代精神的精华"和批判改造生活世界的"文明的活的灵魂"。作为新世界观理论的马克思哲学,是真正站在人的立场上去审视世界,去理解和把握世界于人本身的深刻的存在价值与意义的。就此而言,马克思才是现代生活世界理论的真正开创者和奠定者。在这个意义上说,引领生活世界理论研究乃至现代哲学发展方向的，并不是胡塞尔，而是早于胡塞尔将近一个世纪的马克思。当然，马克思哲学的生活世界理论与现代西方哲学各种生活世界理论有着根本的区别。在这一意义上，正如西方著名哲学家罗素曾经深刻指出的那样，"把马克思纯粹当一个哲学家来看，他有严重的缺点。他过于尚实际，过分全神贯注在他那个时代的问题上。他的眼界局限于我们的这个星球，在这个星球的范围之内，又局限于人类。"①这一说法虽然可能并非完全恰当，但也着实以其"不恰当"的方式恰当地揭示出马克思哲学对于现实世界的专注和关切，现实生活世界的问题始终是马克思致力于解决的问题所在。质言之，马克思哲学是在对现实世界的不断关注和改变之中，从而实现了向现实生活世界的全面回归，这种回归促使和形成马克思哲学在西方哲学史上的"生活世界转向"，最终也实现了对西方传统哲学的历史变革。

三 生活世界转向与马克思哲学的革命性变革

马克思哲学所开启的"生活世界转向"显然表明，马克思哲学是十分关注和探究现实世界的，关切和改变活生生的人的生活世界始终是马克思哲学的重要主题和历史使命。立足于人的现实的日常生活世界，马克思哲学获得了客观存在的基础，同时也具有了现实性的内容，由此而成为一种观照和懂得人之生活的"真正的生活理论"和"真正的生活哲学"，从而彻底扬弃和超越了遮蔽乃至失落人之生存的西方哲学传统，最终实现了西方哲学史上的革命性变革。

（一）马克思对日常生活世界的关注

作为形成和开创"生活世界转向"的重大理论，马克思哲学立足于现实

---

① 〔英〕罗素：《西方哲学史》下卷，何兆武等译，商务印书馆，1976，第345页。

的日常生活世界，关注日常生活，理解日常生活，人的日常生活成为马克思哲学的研究领域与思想主题。马克思哲学并非如以往研究认为的那样，仅仅注重考察和把握社会历史发展等宏观领域，而忽略和无视日常生活这一具体的微观领域，有研究甚至认为微观的日常生活领域从未走进马克思哲学的视野之中，由此得出了马克思学说缺乏人文关怀、存在"人学空场"的荒诞说法。比如西方现代哲学家萨特就曾认为马克思哲学虽具有不可超越的历史性功绩，但马克思哲学只研究一般性的"人类群体"而忽略社会中的个体，存在着忽视人、抛弃人的弊端，由此指认"马克思主义至今是个无人地带"[①]，主张以存在主义人学补充马克思主义人学。在这里，萨特显然对马克思哲学表现出很深的误解。我们并不认为马克思哲学本身缺少对人及其生活的观照和重视，相反，我们在这里要强调的是马克思哲学从未忘记过人，忽视过人的存在，真正的马克思哲学恰恰是极为关心人的，始终将人和人的生活作为其理论的出发点和归宿，因而它比以往任何学说都更加关切人的现实的日常生活世界，体现出深刻的人本价值意蕴。可以说，日常生活不仅仅是马克思哲学的聚焦点，更是研究马克思哲学不可或缺的内容和维度。今天，重新拜读和品味马克思的经典著作，我们可以发现，其中蕴含着极为深刻而丰富的日常生活思想，对日常生活问题的关注和思考无疑构成了马克思哲学思想的一条重要主线。具体来看，比如早在《博士论文》时期，马克思就已自觉到哲学必须关注日常世界，哲学研究要切近日常生活，否则就会沦为生活世界之外的空想。在《关于费尔巴哈的提纲》中，马克思就关于认识日常生活的根据、标准和尺度问题作出了清晰的说明，强调从实践活动的原则和立场出发去审视、把握日常生活世界的重要性和必要性，把全部生活世界当作实践，当作人的社会活动去理解。除此之外，在《1844年经济学哲学手稿》以及《资本论》这两部著作当中，马克思更是对日常生活的现实问题展开了十

---

① 〔法〕萨特：《辩证理性批判》，林骧华等译，安徽文艺出版社，1998，第134页。

分系统的剖析与阐述。马克思以异化劳动为理论基础，考察了机器大工业生产下工人阶级深受剥削和压迫的生存困境，工人劳动的艰苦性，生活环境的恶劣性乃至精神层面遭受的痛苦和折磨，深刻地揭露了资本主义社会条件下人的日常生活异化的本质及其表现形式，并指出克服和扬弃日常生活异化境遇的现实路径。最后，在《共产党宣言》中，马克思满怀信心地指出随着人类生存状况的发展与提升，日常生活问题终将迎刃而解。同时指明自由个性的日常生活应是人类生活的终极追求和终极理想，并描绘和展望了人的日常生活的自由的、个性化的未来图景，自由个性的日常生活是人们所要努力和实现的基本生活方向。依此种种可见，马克思哲学从未忽视日常生活，马克思哲学不仅重视日常生活，并且对于日常生活的关注和研究是不断走向深入和具体的，日常生活世界始终是马克思哲学的主题。作为重要的理论和领域，马克思哲学所关注的日常生活长期以来并未受到应有的重视与深入探讨，这一定程度上引发了马克思主义哲学发展的理论困境与现实悖论，这是十分值得我们注意的问题。

既然马克思对日常生活确有关注，那么，我们会不由地继续追问：马克思到底是如何关注日常生活的？对于日常生活的关注，马克思有着其独特的理论视域和方式，批判并改造人的日常生活现状是马克思哲学介入和研究日常生活的根本方式，马克思哲学对日常生活的关注和切入主要表现为对日常生活问题的批判和解决。针对传统哲学远离和失落人的日常生活、追求理论至上的思辨传统，马克思强调"德国哲学在太空飞翔，而他只求深入全面领悟在现实生活中遇到的日常事物"①，这里的"深入全面领悟"不仅仅是指在认识论层面上对日常生活世界进行深入的说明和"解释"，更要求全面地批判、彻底地改造日常生活中存在的现实问题，批判并改变人的日常生活现状是马克思哲学理解和看待日常生活的根本立场和方法论原则。也就是说，马

---

① 《马克思恩格斯全集》第40卷，人民出版社，1982，第651~652页。

克思哲学理解日常生活的方式不再是"哲学术语的篡造",而是"对社会生活的深度追问、历史反思与批判性改造"①,即"直面生活本身",回归生活世界,走进生活的本质深处,实际地探究、解决人的现实生活所面临和遭遇的困境,真真切切地做到改善和提升人的日常生活质量和生命境界。如若只是一味地沉浸于书斋中纯文字式的探讨和研究,那么日常生活则至多被人们当作一种抽象的哲学"概念"与"名称"在解释学意义上获得关注,而非作为人的全部的生活本身加以理解和看待,对于这种做法,马克思是不赞同的。如前所述,马克思哲学不仅在理论层面科学地解释世界,更力求于实践中合理地改变世界,实际地改造和否定生活世界中不合理的存在,从而为构建未来理想的生活寻求坚实的基础与支点。因此可以说,变革日常生活现状是马克思关注和重视日常生活问题的初衷和目的。正基于此,我们在阅读马克思的著作时难免会有一个强烈的感觉,马克思似乎未花费过多精力在对日常生活的一般"事实性描述"上,也就是解释日常生活是什么、日常生活有何特点等等,而由此便判断和指认马克思哲学缺乏甚至忽视对日常生活的关切和研究。其实不然,只是与对日常生活进行一般意义上的事实性描述相比,批判和考察日常生活的病症即资本主义条件下日常生活异化的现实问题才是马克思的注意力所在,这集中体现于《1844年经济学哲学手稿》和《资本论》当中。通过这两部著作,马克思系统而深入地剖析了日常生活异化的实质和根源,把工人阶级悲惨的日常生活处境揭示的淋漓尽致,因而这两部著作也是当代研究马克思日常生活思想的重要文本。依此而言,马克思的哲学既是关于日常生活、认识日常生活的"生活事实理论",更是理解日常生活、批判日常生活的"生活批判理论"②。这里的批判绝非简单的价值批判,而是对日常生活病症的本质机理的深刻揭露,其本性是"革命的""实践批判的"。

---

① 王福民:《论马克思哲学生活观的理论支点》,《哲学研究》2005年第12期。

② 陈忠:《马克思生活哲学的三重内涵——马克思"原点语境"中的"生活哲学"》,《社会科学战线》2005年第6期。

也正是因为马克思关注和介入日常生活的方式的独特性，才使得人们往往难以自觉到马克思哲学所具有的深刻"日常生活"意蕴，这无疑为我们重新审视和探讨马克思的日常生活理论提供了重要的理论视域和方法论原则。当代人应沿着马克思所开辟的探究方式，深入思考日常生活问题，在解决现实生活的困境的同时，进一步丰富、拓展马克思主义哲学的研究视野与理论内涵。这在坚持与发展马克思哲学，尤其是在研究与推进马克思主义哲学新境界的今天，意义非凡。

（二）基于日常生活世界之上的马克思哲学变革

以人的日常生活为根基，马克思哲学成为一种"真正的生活理论"和"真正的生活哲学"。西方传统哲学是一部遗忘生活、遮蔽生活的历史，换而言之，是一部"不懂生活"的历史。在西方传统哲学探求和追寻本体的历史进程中，一切感性存在、经验皆被悬置起来，拒之于哲学大门之外，留下的只是生活之外的思想、观念和范畴，构建了一个超感性的世界、一个不染人间烟火气息的"水晶宫"，于是迫使生活远离了哲学的同时，也导致哲学不再理解和懂得生活——实实在在的人的日常生活。哲学家胡塞尔曾言：生活世界的问题不解决，"我们迄今所从事的全部哲学研究都是缺少基础的"①。确实如此，任何哲学研究皆应扎根于生活现实，致力于日常生活问题的化解，以鲜活的生活为理论基石。马克思对现实日常生活世界的深切关注和批判，不仅使得生活真正进入了哲学的视野之中，成为大哲学家苏格拉底口中所称赞的经过反思且值得过的人的生活，与此同时也回答了胡塞尔所提出的问题，使哲学始终围绕着生活进行思考和探索，获得了坚实的生活基础，从而愈来愈融入生活和"懂得生活"。因而可见，马克思开辟的哲学路

---

① 〔德〕胡塞尔：《欧洲科学的危机与超越论的现象学》，王炳文译，商务印书馆，2001，第159～160页。

向以人的生活为起点和终极价值诉求，必须是为了生活，以生活为中心，围绕生活而展开，关注人的生活状况，关心人类命运，马克思哲学的主题就是眷注、关注人的生存与发展，关注现实的人和人的现实生活。因此在一定意义上，马克思哲学是真正研究人的哲学理论。马克思曾指出青年黑格尔派一味地开展抽象的哲学批判工作，事实上却严重脱离人、脱离人的真实的日常生活，认为"哲学家没有一个想到要提出关于德国哲学和德国现实之间的联系问题"[①]。也就是说，青年黑格尔派脱离现实生活，不关心德国的生活状况，这样的哲学丝毫不懂生活，因而是无真实性可言的。马克思认为，"在思辨终止的地方，在现实生活面前，正是描述人们实践活动和实际发展过程的真正的实证科学开始的地方。关于意识的空话将终止……这些抽象本身离开了现实的历史就没有任何价值。"[②]显而易见，在这里，马克思十分鲜明地指出远离"生活"的抽象的理论只能沦为"空话"，只要一回归现实的生活世界，它顷刻之间便"失去生存环境"，最终变得"没有任何价值"。马克思强调走出抽象的思想世界，扎进和融入人的真切的具体的日常生活，唯有深入到现实的生活过程中，哲学才能引领和表征时代精神，才成为人类智慧和力量的结晶。立足于日常生活世界，马克思哲学深入现实生活过程，将现实生活的内容归还给现实生活本身，把观照人的生存境遇和生命存在作为终极价值关怀，从而不再是"世界之外的遐想"，成为关于人的生活的学说本身。

作为生活哲学的马克思哲学，扬弃和超越了远离人之生活世界的西方传统哲学的抽象性和非现实性，最终实现了哲学史上的革命性变革。我们都知道，发端于古希腊时期的西方传统哲学一开始就形成了根深蒂固的形而上学的认识进路，认定超感性、超经验的本体世界是真理之路，由此漠视一切感性的、经验的实存，沉溺于虚幻的"世外桃源"，迷恋世俗之外的"天国"，

---

① 《马克思恩格斯选集》第1卷，人民出版社，2012，第145页。

② 《马克思恩格斯选集》第1卷，人民出版社，2012，第153页。

而唯独不关心现实的生活，在对"真"的世界的无止境的"还原式"的穷根究底中遗忘了人的生活。西方传统哲学对人的现实生活的远离使其一直处于"无根"的状态，它为人们所构建出的只能是一个超验的世界、一个虚幻的乐园，最终难免沦为僵化的、教条的、抽象的观念、范畴和理论。对于西方传统哲学，马克思是坚决拒斥的，认为在其那里，不仅本体是一种缺乏客观性内容的抽象存在，而且连同人的生活本身也被严重遮蔽和失落了，人和人的世界都消失不见了，人沦为一种非现实性的存在。因而，这种完全脱离人及其日常生活的现实基础的传统本体论哲学，在马克思看来极其缺乏对人的生存状况的关怀和理解，具有很大的虚幻性，是一种高耸云端的空洞的、抽象的理论。与此相反，马克思哲学所实现的生活世界转向使得哲学从"物"的世界转向"人"的世界，从抽象的本体世界转向现实生活世界，更加关注人自身的生存和价值，马克思哲学对于日常生活世界的关注直接表达着对人类生存的深切关怀，它不是追求某种既定的理论结构，它所指向的不是生活之外的世界，也不是生活之外的实体，而就是人的生活本身。只有立足于生活世界，彰显"感性生活"的本体意义，哲学才能避免成为干瘪的、枯燥的抽象之物。马克思的生活哲学深刻眷注着人的生活本身，积极地反思生活、改造生活，通过对生活世界的彻底批判和现实改造从而真正确立起人的生活的理想和境界，创造和建构一个"人为的"和"为人的"有价值的、有意义的世界。正视人的生活世界，直面人的现实生活，于日常生活的根基之处找寻和探索人类生存的奥秘，思考和解决关涉人类前途与命运的重大问题，由此马克思哲学使生活真正进入哲学，并使哲学开始"懂得生活"，哲学不再是抽象的实体本体论，而是回归生活的现实性。总而言之，建基于人的生活世界，马克思哲学驱散笼罩在生活之上的层层迷雾，与时代、与当下的日常生活密切接触并相互作用，获得客观的存在基础和现实性内容，成为与人之生存内在关联的"人学"，即"在人的现实生活中理解人本身并有助于发展人本身的生活哲学"①，从而超越了传统实体本体论哲学所造成的对人及其生活世界的抽象化理解，开辟了一条通达现实的人和人的现实生活的道路，最终实现了对西方传统哲学的历史性变革。可以说，马克思哲学颠覆了传统哲学实体本体论的强大传统，克服了实体本体论的缺陷及其理论困境，开辟了一种以感性的、现实的日常生活为根基的生活哲学的新路向。这种生活哲学是一种崭新的理路与原则，它与人的实际生活之间生成了一种深层的、本质的意义上的关联，使得哲学观照现实的功能得以彰显，促进哲学干预现实的力量不断强化，哲学开始深刻地观照现代性问题，为人类存在提供生存论的终极关怀与现实观照。就此而言，我们认为，作为内在地扬弃和超越西方传统哲学的蕴含着人类性关怀的马克思的生活哲学，将为克服和化解当代人的生存困境提供一种坚定的精神信念支撑，人类社会的存在与发展依然离不开生活哲学发挥价值导向和价值引领的重大作用。

---

① 高清海、孙利天：《论20世纪西方哲学变革的主题与当代中国哲学的走向——转向现实生活世界的哲学变革》，《江海学刊》1994年第1期。

第二章　马克思日常生活批判
思想的逻辑前提

　　从根本上来说,"世界观的转变属于思维方式的转变"①。每一种代表时代精神的新的哲学的产生,都意味着人们从它获得了一种用以观察和处理一切问题的新的思维方式。马克思哲学亦是如此。马克思哲学之所以能够实现向生活世界的回归,变革以往传统哲学关于日常生活世界的抽象理解,成为一种"真正的生活理论"和"真正的生活哲学",归根结底是其思维方式和逻辑前提的彻底变革。正是从崭新的思维方式出发,马克思哲学才形成了关于日常生活问题的独特理解和把握。

　　实践观点的思维方式是马克思日常生活批判理论的根本致思方式,现实的人及其历史发展是马克思日常生活批判理论的逻辑主线。马克思正是基于实践观点的思维方式来考察和反思日常生活问题的。立足于实践观点的思维方式,马克思历史唯物主义把握到了日常生活的辩证本性,物质生活与精神生活的协调发展规律是日常生活的基本规律,日常生活处于不断发展的人类历史过程之中,并与人的历史性存在与发展的辩证过程具有内在一致性。以这种实践观点的思维方式为根本出发点,马克思对于人的理解是一种具体

---

① 高清海:《找回失去的"哲学自我"——哲学创新的生命本性》,北京师范大学出版社,2004,第126页。

的、现实的理解，现实的人及其历史发展状况成为马克思批判日常生活问题的主线和依据。由此一来，马克思日常生活批判思想的根本旨趣便是批判和改造人的现实生活世界，集中表现为对资本主义社会生活异化问题的考察和揭露，从而将人从现实的生活困境之中解放出来，最终实现人的自由而全面的发展，人的解放与自由而全面发展成为马克思日常生活批判思想的永恒主题和终极价值关怀。

一　实践观点的思维方式：马克思日常生活批判思想的思维前提

实践观点的思维方式是马克思哲学用以理解和说明全部世界观问题、区别于以往一切哲学的观点的新的思维方式，亦是马克思关于日常生活的根本致思方式，马克思正是基于实践观点的思维方式来思考和把握日常生活问题的。立足于实践观点的思维方式，马克思哲学所把握到的日常生活世界不再是简单抽象的事实世界，而是一个充满意义的价值世界，并处于不断生成和发展的社会历史过程之中，伴随着人类存在与发展形态的变迁而变迁。

（一）实践观点的思维方式及其含义

实践观点是马克思哲学的首要和核心概念，构成了整个马克思思想大厦的理论基石。实践观点是马克思哲学创立的，但实践概念并不是马克思哲学首创的，对于实践的看法和理解是古已有之的事情。其实，古希腊哲学家早已探讨过实践活动的内容，他们最早是从"实践""践履"的意义上了解实践这种活动的。譬如，亚里士多德从潜能的实现过程去理解实践。在亚里士多德看来，实践就是包含完成目的在内的活动，实践活动属于一种目的性活动，如果人们的预期目的不能够实现和完成就不是实践。亚里士多德的这一理解将实践与目的性内在关联起来，并用是否达到目的作为区分实践活动与其他活动的标准，这对于理解实践活动有着十分重要的意义，它意味着自觉到了目的性作为实践活动的基本要素，这是人类认识所把握到的实践概念的第一个环节。古希腊哲学对于实践概念的理解总体上是较为宽泛的，未能将人的实践活动与动物的本能活动进行区分。近代哲学则不然，近代哲学基于哲学的视角来讨论实践概念的本质和意义，实践活动在此受到很大的重视，被视为独特的、属人的主体性活动。德国古典哲学家康德提出了实践理性和理论理性的概念，由此将哲学也相应地划分为实践层面的哲学与理论层面的哲学。在康德看来，在实践领域中，人是自由的人，具有不受制于自然必然性支配的自主性，康德的观点指明了实践概念的另一个基本环节，将实践界定为人的一种自主性的活动，但只是属于人所特有的道德活动。对于康德的观点，之后的哲学家费希特并不认同，他认为实践活动虽与道德活动之间存在联系，但实践活动并不仅仅局限于道德活动，应该是人的创造性的活动，这便揭示出实践活动的另一个重要特质。在此基础之上，黑格尔将实践理解为主观改造客观的活动，从主客的交互作用中阐释实践与认识之间的对立统一关系。对于黑格尔思想的深刻之处，列宁曾作出了高度评价，他认为"在黑格尔那里，在分析认识的过程中，实践是一个环节，并且也就是向客观的（在黑格尔看来是'绝对的'）真理的过渡"[1]。然而，这种对实践作出抽象理性活动的理解的做法，遭到了费尔巴哈的竭力反对，费尔巴哈力求回到感性，把实践看作属于感性特质的活动，人的实践活动应当是一种感性、直观的活动。然而他所强调的感性活动也仅仅局限于纯粹的"利己主义""享受对象"的吃喝等等自然行为，甚至与动物的本能活动毫无区别。基于此，马克思认为费尔巴哈所理解的实践是生物学意义上的，是被动的、消极的，因而完全不懂得"'革命的'、'实践批判的'活动的意义"[2]。由此可知，在马

---

① 列宁：《哲学笔记》，人民出版社，1974，第228页。
② 《马克思恩格斯选集》第1卷，人民出版社，2012，第133页。

克思哲学之前，哲学家们对实践已然进行了诸多方面的考察和探讨，在一定程度上把握到了实践概念的基本要点，看到了实践活动的目的性、自主性、创造性和感性特质等等，这是非常有意义的。但令人遗憾的是，他们仍未能达到和实现对实践概念的完全科学的、合理的理解，人的能动本质与感性存在基础在此依然无法真正地统一起来，也就是未能解决如何在人的实践活动中赋予能动性和创造性内容的根本问题。在批判和继承先哲们关于实践观点和思想的基础上，马克思揭示出劳动生产活动是人得以存在和生成的第一个历史活动，把人从动物般的存在中提升出来，由此在确证了人之为人的真正本质的同时，也赋予人的感性活动以能动性和创造性力量，从而解决了实践观中的矛盾和对立，形成和建立起了科学的实践观点。

可以说，马克思关于实践的理解是从克服以往哲学从主观性抑或是客观性把握实践概念的片面做法，从而洞察到实践活动的多种矛盾内容中形成的，以往哲学所有关于实践的观点，都不过是以这样或者那样的方式对实践活动要素和环节的反映。显而易见，倘若实践中不包括自然事物存在的基础性作用，便不可能产生强调自然本原地位的存在观点，那么如若实践活动不具有属人本质，那从意识出发阔谈自我建立非我的哲学理论亦不复存在。应该说，马克思之前的传统哲学都只是对实践作出了片面的、抽象的理解。

依照马克思哲学来看，实践是作为主体的人有意识有目的地改造客体的感性活动。那么，何为感性活动？马克思认为其首先表明实践是一种体现着直接现实性的物质活动，在此意义上它是区别于纯粹的观念活动的。因为，在劳动生产实践活动中，人自身只有作为一种自然力去与自然物质世界相对立，通过自身具有的自然力量去作用于外界对象，才可能在对自身生活有用的形式上去占有自然物质。以自然力的形式去改变自然物质对象，这就说明自然物质在人的活动中有着本原性、基础性的地位和意义。实践活动首先必须以人和对象的自然物质存在作为前提和条件，并依照自然物质运动的内在规律而展开。作为实践活动的感性活动，同时也是具有目的性的活动，生产活动之中的人们并不只是单纯地改变自然物质的形态，更是要在这一过程中使其朝着有利于人的方向发展，实现人的目的和要求。也就是说，人的实践活动是从根本上区别于动物的本能活动的。动物只是出于本能去完全适应和顺从它所处的周围自然环境，它的存在方式是"生存"，而人则根据自己的意志和意愿去发现和创造更好的环境，因而人的方式是"生活"。诚如恩格斯所指出的，自然界通过对人的作用和影响，从而形成和产生人的感觉、意识、观念、意志，最终以这种形态转化为一种"理想的力量"。客观的存在转化和发展为理想的存在，最终通过人的实践活动成为现实的存在，这里表现出作为主体的人的巨大创造性作用和能动性力量。因此，马克思哲学视野中的实践是主观见之于客观的人类活动，它在本质上属于主体的能动性活动。在实践活动中，自然的基础性作用和人的能动性作用有机结合，它是"人的尺度"与"物的尺度"、"合目的性"与"合规律性"的内在统一，是主体和客体、主观和客观之间互为作用、彼此影响、不断转化的活动。就此而言，实践既是克服主观性与客观性各自的片面性、促进主体与客体高度统一的活动，又是造成主体与客体的分离和对立、生成主体与客体之间新的矛盾的活动。总之，在马克思哲学看来，实践活动不仅仅是解开人类社会生活之谜的钥匙，也是把握外部对象世界的关键之处，它是生成一切矛盾事物的根源，亦是解决矛盾，最终实现生存和发展的不竭动力。

要真正掌握马克思的实践观点，就不能简单地将其理解为认识的基础来源和真理标准等认识论问题的一个原理，应当视其为马克思哲学看待和阐明全部世界观问题，即应该在新的思维方式的层面上去加以把握。我们知道，人与动物存在着根本的区别，人能认识，人会思考，人往往不是从某一事物直接呈现出来的状态去简单地理解事物，而是力求深入事物现象背后的真相，从事物的深层本质层面去揭示事物的存在，因而人总是立足于一定思维方式去把握事物的本质意义。那么，到底何为思维方式呢？所谓思维方式，即是指"人们思维活动中用以理解、把握和评价客观对象的基本依据和模式"①。事实上，每一种哲学，都主要是由于它的思维逻辑而与其他哲学相区别开来的。而是否贯彻实践观点这种思维方式，就成为判断马克思哲学与非马克思哲学原则界线的基本依据。在《关于费尔巴哈的提纲》中，马克思一开始就指出以往旧唯物主义"对对象、现实、感性，只是从客体的或者直观的形式去理解，而不是把它们当做感性的人的活动，当做实践去理解，不是从主体方面去理解"②。然而，与此相反，唯心主义却发展了能动的方面，但也只是抽象地发展了，"因为唯心主义是不知道现实的、感性的活动本身的。"③很显然，马克思批判了仅仅以客体为解释原则或以主体为解释原则的传统哲学的片面性、抽象性，强调以实践为解释原则的观点。实践观点的思维方式，在马克思看来就是从人与世界的具体统一即"从具体的人的现实活动出发去认识各种问题的思维方式"④，它作为一种崭新的思维方式，是马克思哲学对待一切问题的思维原则和方法，马克思哲学是立足于实践基础去考察和理解一切哲学问题的。这种实践观点的思维方式所强调和理解的实践是把"实践观点"作为一种具有革命意义的"思维方式"来认识和理解人及其生活世界，"以实践自身的矛盾性为基础，深刻地揭示了人对世界的否定性统一关系"⑤，从而构成了一种"实践论的世界观"。马克思的实践观点既是人与自然、主观性与客观性在现实活动中辩证统一的思维方式，彻底地运用实践观点去审视和看待一切哲学问题，就必然引发全部理论观点的深刻变革。在这个意义上，马克思所确立的实践观点为人类认识提供了一个全新的思维方式，并由此实现了哲学理论的革命性变革，这是其伟大贡献。

---

① 高清海：《论实践观点作为思维方式的意义——哲学探进断想之二》，《社会科学战线》1988年第1期。
② 《马克思恩格斯选集》第1卷，人民出版社，2012，第133页。
③ 《马克思恩格斯选集》第1卷，人民出版社，2012，第133页。
④ 高清海：《论实践观点作为思维方式的意义——哲学探进断想之二》，《社会科学战线》1988年第1期。
⑤ 孙正聿：《怎样理解马克思的哲学革命》，《吉林大学社会科学学报》2005年第3期。

（二）实践观点的思维方式是马克思关于日常生活的根本致思方式

实践观点，作为马克思哲学理解全部哲学问题的思维逻辑，亦是马克思处理日常生活问题的根本致思方式，马克思正是基于实践观点的思维方式来思考和把握日常生活问题的。在马克思看来，"社会生活在本质上是实践的"①，因而我们应当从实践出发去看待和理解人的日常生活世界，将日常生活"当作感性的人的活动，当作实践去理解"。也就是说，在马克思哲学的视野中，实践构成了整个现存的感性世界的现实基础，也只有产生和形成于实践基础之上的世界，才称得上"现实世界"。在其著作《1844年经济学哲学手稿》当中，马克思就曾明确地指出，人们周围的感性世界，人们的日常生活世界绝不是开天辟地以来就天然存在的，现实的生活世界必定是在人类社会实践过程之中不断生成和发展的。就此而言，"通过工业——尽管以异化的形式——形成的自然界，是真正的、人类学的自然界"②，现实世界是社会实践、工业活动的直接结果，人的日常生活的产生和发展是离不开实践活动的，脱离了实践活动，人的生活世界甚至连同人本身也无从谈起。在《德意志意识形态》和《共产党宣言》中，马克思进一步把自然世界与实践活动联系起来，指出人的生活世界不是自在的自然存在，而是人们凭借自身的感性对象性活动，即实践活动创生出来的，日常生活世界是人的社会实践活动的产物和结晶。从实践观点出发，意味着从人的生存活动出发去理解日常生活世界、把握日常生活世界、确立起把人的日常生活理解为感性活动的结果的思维方式。人就是因为实践活动才突破了自然物种世界的限制，只有立足于实践活动，才能把握活生生的人及其日常生活世界，否则人们关于自然世界的认识难免停留于对"物"的抽象概念上，看不到现存世界与人的能动活

---

① 《马克思恩格斯选集》第1卷，人民出版社，2012，第135页。

② 马克思：《1844年经济学哲学手稿》，人民出版社，2000，第89页。

动之间的本质关联，不能理解现实的人的感性活动与现存世界的关系，以及现存世界对于人的生存的本质意义。传统的实体论哲学正是囿于脱离实践，没有基于实践视野去考察和反思自然物质世界，才造成一味地对本体世界的沉溺和追逐而遮蔽和遗忘了对人的现实生活世界的关注和探索。在这一点上，可以说现代西方哲学与传统哲学最终殊途同归，虽然现代西方哲学竭力呼吁向日常生活世界回归，但也只是在意识层面的努力和探索。马克思哲学的实践观点的确立，将自然世界与实践活动关联起来，确证了自在的自然世界经由人的感性物质活动不断生成为人的现实生活世界，作为社会实践主体的人在对外部自然世界改造的活动中生成自我、创造自我、发展自我。总而言之，在马克思那里，通过认识和改造物质世界的社会实践活动，人才真正成为他自己的存在，在创造自身生存环境的同时也创造了人本身，人与人的世界皆获得了现实性。因而，对于人的现实的日常生活而言，只能被理解为合理的革命的实践，实践是合理解释和说明人的日常生活世界的根本思维方式。

之所以立足于实践观点去理解人的日常生活世界，其真正的意义在于拒绝和克服任何先在本质决定论，旨在使人的生活世界葆有实践的能动性和创造力量。通过前文的分析我们可以清楚地看到，无论西方传统形而上学把人和世界的本质归结为自然物质性存在，或者试图以精神性的东西来证明世界的统一性，事实上，它最终都是将生活世界还原为了一种实体化的概念。然而隐藏于这种实体化概念背后的二元对立的本质主义的思维方式已然成为束缚人之存在，乃至遮蔽人的日常生活世界的消极思想力量。在马克思哲学视野中，实践活动是人类自由自觉的生命活动，人们正是在从事一定的物质生产活动中才获得了自身的生存和发展，从而将自己与动物相区别，成为真正的人的存在。因而立足于实践，世界就不是外在于人的世界，不是与人的存在相分离的抽象的本体世界。现实的世界只能是人生活于其中的世界，是在人通过实践活动创造出来的感性世界。实践在马克思那里并非简单的可直观到的人类活动的现实形态，而是被赋予一种深刻的批判性的意义，它是基于现实又远远超越于现实的批判性活动，成为变革人之存在状况及其生活世界的批判性和革命性的巨大创造力量。正是在此意义上，实践活动中的人才具有现实的能动性，才得以从所身处的周围自然环境中摆脱出来，获得主体意识和主导地位，将自然自发的生存状态改变为自在自为的生活样态。人的生活之所以区别于动物的生存，正因为其通过实践活动超越动物般的生存，赋予人的生命以无限的可能性和意义性，所以人的生活实质上是一种可能性生存，更是一种有意义的生存。人的日常生活及其世界的可能性和意义性往往容易被遮蔽，这就需要人们通过实践活动去觉解、创造生活的可能性、丰富性和无限性，进而为生活世界注入源源不断的生机与活力。可以说，超脱一切束缚人和压制人的抽象教条，打破先在之物的桎梏，挺立主体的自我意识，实践地、积极能动地面对和审视生活世界，赋予自己改变生活世界的坚定勇气和现实力量，是马克思哲学所确立的实践观点的鲜明旨趣。总之，建基于实践活动，马克思揭示出人的日常生活世界变化发展的现实根基，找到了日常生活世界能动性的动力之源，也确证了生活世界的规律性与人的目的性相统一的内在逻辑。

立足于实践观点的思维方式，马克思哲学所把握到的日常生活世界便不再是简单的事实世界，而表现为一种内在地包含着人的现实需要和理想期许的，是人自己创造并赋予无限意义的价值世界，是一个不断生成和发展的历史过程。实践活动是人的有目的、有意识的自觉活动，人通过实践活动将自身的意愿和需求贯注到日常对象中，将先在的周围环境变成有利于人的生存和发展的理想性存在，也就是"把'自然而然'的世界变成对人来说是'真善美'的世界"①，从而促进现实向理想生成，推动理想向现实转化，赋予人

---

① 孙正聿：《辩证法与精神家园》，《天津社会科学》2008第3期。

的日常生活以崇高的精神之维和无限的意义性。马克思对实践活动的自由自觉规定性的阐明，直接关联着人对生活理想的憧憬和对人生意义的追寻。在对生活意义不断追求和实现的实践过程中，人的日常生活构成了真实的历史，人改造日常生活世界的感性物质活动总是在一定的社会关系中进行的，社会历史就是现实生活的展开，人的能动的日常生活过程与人的历史过程是同一的，一部人类史也就是一部生活史。这正如马克思在其著作中所强调的，日常生活世界不是永恒不变的，恰恰是人类工业和社会状况的产物，是"历史的产物"和结果，日常生活作为人展开自己生存的方式，具有鲜明的社会历史性，是社会历史进化和发展的产物。这也表明，日常生活并不是抽象的人之外的存在，其存在恰恰是具有前提的，它始终处于一定的社会关系中，受社会历史条件的影响，反映和表达着与之对应的社会存在状况。就此而言，马克思哲学才真正做到将生活与历史统一起来，使历史获得了现实根基和全部内容的同时，也彻底实现了对日常生活的历史唯物主义的理解和把握。在此意义上，我们可以说马克思的历史观就是生活历史观。正是基于此，马克思严厉批判了历史上的唯心史观，深刻地指出其主要缺陷在于"迄今为止的一切历史观不是完全忽视了历史的这一现实基础，就是把它仅仅看成与历史进程没有任何联系的附带因素。因此，历史总是遵照在它之外的某种尺度来编写的；现实的生活生产被看成是某种非历史的东西，而历史的东西则被看成是某种脱离日常生活的东西，某种处于世界之外和超乎世界之上的东西"①。由此可见，在唯心史观那里，日常生活与历史是天然分离的，生活成了超历史的抽象性存在，历史亦沦为非现实性的虚幻的东西，二者在马克思看来皆成为一句空话，毫无意义可言。总之，随着实践活动的变化和发展，人的日常生活世界也得以不断提升和发展，并向着更高的历史阶段迈进。

---

① 《马克思恩格斯选集》第1卷，人民出版社，2012，第173页。

二 现实的人及其历史发展：马克思日常生活批判思想的逻辑主线

从根本上来说，西方传统哲学基于实体本体论的思维方式对人的本质的思考和把握皆是片面的、抽象的，在此基础上，他们所形成的关于人的生活世界的理解也只能是狭隘地追逐人之外的抽象的本体世界，人的现实的日常生活世界难免被遗忘和失落掉。与之不同，马克思哲学恰恰从关注现实的人开始，从真正的现实的人出发去思考和批判日常生活世界，现实的人及其历史发展问题贯穿于马克思日常生活批判思想的始终，是马克思日常生活批判思想的重要逻辑主线。基于现实的人及其历史发展，马克思日常生活批判思想最终关涉和指向人的解放与自由而全面的发展。

（一）现实的人是马克思哲学的逻辑起点

哲学虽是"世界观"，它实质上体现出的却是关于人的观点，哲学研究世界的目的也主要是为了理解人，理解人的地位、价值和意义。通过考究，我们不难发现，各门类哲学的性质可以不确定，哲学观点也可以不尽相同，有时候彼此对立，哲学的内容亦可能包罗万象，然而哲学理论围绕的轴心却是显然的，这就是人、人的本性、人的生存世界和人的生活意义，哲学理论所表达的都是人作为人而对于生存、生活的态度、理解与思考。这也就是为什么人们常常有的一个普遍感觉：为何各种哲学理论谈论的问题差异那么大，甚至形成南辕北辙的局面，但好像丝毫不妨碍它们之间的交流和对话，这里的基点正是在于彼此之间存在着相通的桥梁和纽带，即人的问题，对人的问题的理解和追问内在地蕴含于任何哲学理论之中。因此，西方传统哲学虽伊始于对"何为世界本原"的本体论思考，但是，这并不代表传统哲学丝毫未涉及关于人的理解。事实上，传统哲学始终把追求终极性存在、绝对化本体、永恒的真理视为哲学的最高目标和宗旨，从而将现实存在的人追溯和理解为一个本原性的"始基"和"实体"，试图撇开人的生存本身去认识和挖掘人的存在依据和本原。在这种两极对立的实体论思维方式下，西方哲学史上对人的探讨和理解形成了截然相反的观点，主要划分为唯心主义和旧唯物主义两大思想传统。唯心主义将人还原为超感性的存在，认为人是一种纯粹的理性存在物，从理性观念层面去考察和探究人的生命本质。伊始于古希腊时期，大哲学家亚里士多德就将人视为一种极具理性的动物，十分看重人的"灵魂""精神"生命，主张灵魂与肉体相分离的观点，鄙视和否定肉体的存在，强调灵魂高于肉体生命，近代哲学更是高扬人的理性精神，认为理性思维构成了人理解自我、把握世界的真理性认识的基础和来源，是一切人类知识获得和实现的重要的、甚至是唯一的可靠途径。哲学大师黑格尔甚至将理性精神推崇到极致，以"绝对精神"统摄和规制一切实存，人的存在及其生活世界皆源于绝对精神的自我形成和发展，变成了绝对精神的化身和产物。然而与唯心主义大相径庭，传统唯物主义却将人视为一种自然存在，强调人的感性的、自然物质本性。这一思想传统在早期自然哲学那里就已经初露端倪，早期自然哲学家十分重视自然，往往试图以自然物质来解释和说明生命的存在本质，将世界万物的产生和起源归结为某种自然物质。近代机械唯物主义将这种观点进一步推进，认为人直接是由物质构造而成的，人的生命不仅是自然物不断衍生而形成，而且人的存在完全服从和遵循于自然物质运动的规律和法则。作为旧唯物主义的代表，费尔巴哈则更是指出了人是自然界进化发展的结果和产物，人类世界"就其本身说来，即客观上说来，是物质的"①，自然物质世界是人类的存在前提和条件。总的来说，无论西方传统哲学所预设和追求的实体是什么，"它都是作为终极实在而被视为人与世界的最后根据，它都代表着终极真理而被视为支配人们全部思想和生活的最

---

① 〔德〕费尔巴哈：《费尔巴哈哲学著作选集》上卷，荣震华等译，生活·读书·新知三联书店，1961，第195页。

高权威，它都作为永恒在场的最高主体而宰制现实的人的生活。"① 传统哲学企图以实体还原和规定人性的思维方式，只能迫使人成为一种被预设的、先在的、亘古不变的、僵死的抽象性存在。无论是将人理解为一种自然存在而毫无能动作用，抑或是将人看作是一种超自然存在而不具现实根基，这种"非此即彼"的理论观点所把握到的人始终是片面的、不真实的，所理解的人是极度缺乏丰富性和整全性的，因而终究未能达到对人的彻底的现实性理解与把握。

马克思不再从抽象的本体原则去理解人，而是从现实的存在，即从实践活动出发来理解和看待人，在人的现实的生活实践过程中确证和把握人的真实本质。在马克思看来，人绝不是如西方传统本体论哲学所理解的那样是一种实体化的存在，人的本质也就不是什么现成的、前定的某种抽象之物。实体本体论哲学最根本的特点就在于它是"前定本质"的特点，总是先在地将人的本质视为永恒的存在，认为人是由某种永恒实体构成的，把人看作单一本质的规定，而且这种本质是绝对的、亘古不变的。只要找到人所遵从的本原，即抓住了"本真的人"，因而预设人的前定本性，追寻人的本体、本性是传统哲学依循的路子。然而，由此并不能把握活生生的人，这种将人实体化、物化的做法恰恰使人"非人化"。马克思认为，人的生命本质始终是在人之生存实践活动中得以生成和揭示出来的，人在其本性上是实践的，实践是人之为人的最根本的存在方式。马克思指出，现实的人并非传统哲学所指的脱离群体的、永恒不变的虚幻的存在，而是"可以通过经验观察到的、在一定条件下进行的发展过程中的人"②，也就是"从事实际活动的人"，从事一定的物质生产实践的人。对此，马克思进行了详尽的阐发。在《1844年经济学哲学手稿》之中，马克思明确将人的生命本性界定为"类特性"，而这种

---

① 陈曙光:《直面生活本身：马克思人学存在论革命研究》，北京师范大学出版社，2012，第44页。
② 《马克思恩格斯选集》第1卷，人民出版社，2012，第73页。

类特性就是指自由的有意识的实践活动，正是通过实践活动，人将自身从动物中提升出来，成为真正的人的存在。很显然，马克思的观点清楚地表明了"人的本性在于'他的存在就是他的活动'"①，人是从他自己的创造性的生存活动中生成为人的，可以说人作为人的一切性质皆由此而生、由此而来，并因此使自我获得不断的丰富和发展。实践既是人所特有的生存活动，又是人之为人的本原活动，现实的人就是从这种创造性的活动中日益深入自然、又不断从自然中分化出来，逐渐生成为人的。凭借着自由自觉的实践活动，人不断生成并在更加全面的意义上占有自身的本质，使自己发展为具有人的规定性的存在，让世界、关系成为真实的人的世界和人的关系，进而使人的生命本质日益走向丰盈和充实，最终成为真正的现实的人。因而可知，在马克思哲学看来，人围于通过自己的生产实践去创造自身的生活资料和环境，这样便改变了生命本身的生存方式，由此才生成了真实的人的存在，这样的人当然就不能再还原了，不能按照实体的本性去理解，将人抽象化，应当从实践的观点去理解，将人的本质理解为在自身生存活动中创生、处于历史变化中的"自我规定"，这样方能把握人的具体性和现实性。就此而言，马克思对于人的理解使"抽象的人"转到了"活生生的"现实的人。马克思实践观点的首要和根本的意义就在于此，它为人们觉解自身的本性，提供了一种崭新的原则和方法。

　　从生存实践来审视和理解人，马克思哲学中的现实的人便不再是片面的单一性存在，而是具有辩证的双重生命本性。也就是说，现实的人既是一种自然存在，同时又是一种超自然存在，在其现实意义上，人的生命是自然生命与超自然生命的否定性统一。具体而言，在马克思看来，人首先是一种"自然存在物"，拥有自然生命。人的物质和精神食粮皆来源于大自然的馈赠，连同人本身也是自然物进化发展的结果。作为自然存在物，与花、鸟、

---

① 高清海：《高清海哲学文存》第2卷，吉林人民出版社，1997，第10页。

鱼、虫等一样，人需要同外部自然环境不断地进行物质和能量的交换，以获取生存，维持自己的生命过程，人来源于自然，是自然的一部分，自然是人生存与发展的重要基础和前提。这表明自然对于人而言所具有的客观优先性地位，人对自然的依赖性，体现了人类生命不可避免地具有自然性质。基于此，人不能没有自然生命，因而现代人应当尊重大自然，爱惜自然资源和环境，守护人类赖以依存的生态家园。这里的自然生命也是我们通常所说的肉体生命，它是自然给予的，体现出自在性，人的肉体生命要经历生死，这不是人所能自主的。然而，人又不仅仅是自然存在物，人更是"人的自然存在物"，是一种"为我"的超自然存在，拥有超自然的生命。如果说动物的生存方式体现出依附性的特点，即动物仅仅依靠大自然维持和延续生命，全然顺应和听命于自然环境，动物与它的生命活动是直接同一的，那么，人的生存方式则可以称之为创造性的方式，也就是说人可以通过自己的劳动实践认识和改变自身所处的自然环境，使得万物皆为人所用，从而获得和实现自己的生活所需。换而言之，动物与自然环境是直接同一的，它只能以自然所规定的本能去消极、被动地适应自然，因而动物与自然之间是一种肯定性的统一关系。然而，人则以积极主动的方式——实践不断否定给定的自然，凭借自由自觉的实践活动克服自身对外部生存环境的绝对依赖，把人和自然之间的从属关系转变为改造和支配关系，从而赋予人的生命"自我规定"和"自我支配"的自由性和超越性意义，创生出人的超越性自然性质的本性，也即第二个生命本质。超自然生命也就是与肉体生命相对应而存在的人的精神生命，是对动物般自然生命存在的局限的突破和超越。所以，马克思才强调当人们开始生产生活资料的实践活动时，人与动物之间就形成了根本的区别。就此而言，相对于动物的生命所具有的消极性和被动性，超自然生命赋予人的生命以强大的能动性和积极性，体现了人的生命的自由自觉的特性，是人之生命的价值所在。倘若自然生命体现了人对自然的依赖，表达了人的生命的有限性，那么超自然生命则体现了人对自然的超越，表达了人的生命的无限性；倘若自然生命是人的生命的前提，体现了人的生命的客观基础，那么超自然生命则是人的生命存在的再创造，体现了人的生命存在的价值与意义。因此超自然生命是对自然生命的一种扬弃与升华。作为人的生命的双重本性，自然生命和超自然生命共同构成人的真实生命的完整内容。人的自然生命和超自然生命之间是既对立又联系的关系，人的生命正是在自然生命与超自然生命的否定性统一中不断生成和发展的。总而言之，在马克思哲学中，现实的人意味着要从人的生存实践根源理解人，基于生存实践的历史变化中去把握人的具体的本质，进而把人理解具有双重生命本性的、并处于自我追求中不断否定自身、超越自身、发展自身的有意义和有价值的存在。

（二）现实的人及其历史发展是马克思展开日常生活批判的根本立场

立足于生存实践，马克思将对人的理解彻底纳入社会历史发展的过程之中，现实的人及其历史发展成为马克思哲学的研究对象和内容。早在《路德维希·费尔巴哈和德国古典哲学的终结》中，恩格斯就明确指出马克思哲学是一门"关于现实的人及其历史发展的科学"①，这一概括十分精准地说明马克思哲学的核心命题，即"现实的人"及其"历史发展"。可以说，马克思所探究和思考的一切哲学问题都是围绕着"现实的人及其历史发展"这一根本命题而展开和行进的。马克思历史唯物主义不同于空想社会主义，虽然二者都关心人的发展，把追求人的发展作为价值目标，但马克思对于人的发展问题的思考是建基于对整个社会历史发展的客观规律科学理解的基础之上的，而空想社会主义则不然，囿于缺乏对人类历史规律的科学把握，它们的理论难免沦为空洞的、虚幻的预言。与此同时，马克思对人的发展问题的考究也不同于古代机械唯物论，机械唯物论主张"物质本体论"，这种物质本

---

① 《马克思恩格斯选集》第4卷，人民出版社，2012，第247页。

体论的观点和立场则以简单还原的方式将历史领域的发展还原为物质生产力的发展，以至于把马克思的思想解释为一种经济决定论。对历史的发展只有"因为什么"的解释而没有"为了什么"的说明，只有规律性的解释而缺乏价值性的解释。马克思历史唯物主义不仅仅是关于历史发展的学说，更是关于人的解放与发展的学说，现实的人及发展是马克思哲学的内在价值指向。在马克思看来，人之所以为人而并非自然给予的现成存在，是因为人在本质上是一切社会关系的总和，现实的人无疑是一种社会历史性的存在，人不仅在历史中生成，人亦在历史中不断发展，不断实现自我，不受社会历史条件制约和影响的人是根本不存在的。在其著作当中，马克思就曾明确指出："人，作为人类历史的经常前提，也是人类历史的经常的产物和结果。"[①]这也就是说，作为历史存在的前提和起点，现实的人首先应当是社会历史发展的结果，"有生命的个人"不过是历史活动的产物，因为人们不仅仅从历史中获得了社会生产力，而且拥有了一切社会关系。但与此同时，这种现实的人又是历史的主体，是历史的创造者，"历史归根结底是现实个人的历史"[②]，历史绝不是人之外的某种抽象的存在，究其实质而言，"人们的社会历史始终只是他们的个体发展的历史"[③]，现实的人与社会历史的发展是内在一致的。囿于此，马克思才无情地批判费尔巴哈的人本学完全不顾历史的因素去理解人的荒谬之处，认为费尔巴哈根本不懂历史，更不懂现实的人。既然现实的人是一种历史性的存在，那么，对于人的研究就不应如传统哲学那般，总是停留在对人的抽象本质的苦思冥想上，而应当关注和重视人在社会历史中的生存与发展问题。使人获得和实现更好的生活。思考人的发展何以可能，探究人的发展何以实现则成为马克思哲学的终极命题。

---

① 《马克思恩格斯全集》第35卷，人民出版社，2013，第350页。

② 叶汝贤：《现实的人及其历史发展的科学——深入解读〈德意志意识形态〉所阐发的唯物史观》，《哲学研究》2008年第2期。

③ 《马克思恩格斯选集》第4卷，人民出版社，2012，第532页。

作为核心命题，现实的人及其历史发展亦是马克思考察日常生活问题的逻辑主线，马克思正是以现实的人以及其自身的发展为根本立场来探讨日常生活的。因此，是否有利于促进和实现人的生存、自由与发展，这是马克思日常生活批判思想的根本出发点和归宿。马克思对日常生活问题的批判和理解，始终围绕和关联着人的生存状况，人的发展问题，思考和揭露人的现实生活境遇究竟是怎样的，这种生活处境到底是否合乎人性，如果不是，那么我们应该如何去看待和解决这一问题，合理的日常生活何以可能等等。可以说，现实的人及其发展是马克思进行日常生活批判的基本依据，也是其理论所关心的根本问题所在。于《1844年经济学哲学手稿》中，马克思使用大量的篇幅论述和揭露了资本主义社会历史条件下工人日常生活遭遇的惨不忍睹的状况，河流污染、废弃物满地、居住环境相当恶劣，为了谋生的人们甚至沦落为大工业机器的"奴隶"和"附庸"，日常生活处于严重异化的现实困境。为了深入说明和揭示这种资本主义社会生活对工人身心健康的迫害，对人性的束缚和压抑，马克思耗费了大量时间和经历撰写了《资本论》这部巨著，从政治经济学层面对资本主义是如何剥削和压迫人的生存和发展，使人陷入"非人化"的悲惨境遇进行了十分全面且深刻的剖析，为人们清楚地认识当代生存处境，走出生存困境找寻出路。在《1857—1858经济学手稿》中，马克思进而提出了著名的关于社会发展的"三形态说"，为人的发展和解放指明了方向。在《共产党宣言》中，马克思进一步论证了未来共产主义社会终将超越资本主义而成为实现人类自由与全面发展的历史性选择，为人们提供良好的生活制度和生活环境，描绘出人类美好生活的图景。在《哥达纲领批判》等晚年著作中，马克思仍不畏艰辛、矢志不渝地探索着这一问题，从未放弃过找寻促进和实现人类社会解放与发展的各种制度和道路。就此而言，马克思的一生是为探索人类解放与发展的伟大一生，人的现实生存及其历史发展是马克思日常生活批判思想贯穿始终的一条逻辑主线。在人类生存与发展面临诸多困难与挑战的当今时代，我们重新探讨和研究马克思的日常生活批判思想，"理解马克思"，"走近马克思"，定会别有一番发现与感悟，从中汲取引领和指导当代人存在和发展的思想养分，我想这大概亦是当代学者纷纷呼吁人们再次"回到马克思"的缘故吧！

三 对日常生活的历史唯物主义理解

马克思是如何看待和理解人的日常生活的？马克思哲学究竟会赋予日常生活以怎样的规定性和内容呢？立足于实践观点的思维方式、现实的人及其历史发展的重要逻辑前提，马克思实现了对日常生活的彻底的历史唯物主义理解，不仅仅从社会历史性等维度阐释和展现出日常生活的内涵，更注重和强调对现实的日常生活状况的批判与改造，旨在把人从异化的日常生活状态之中拯救出来，最终实现人的解放与自由而全面的发展。

（一）日常生活的基本内涵

何为日常生活？对于日常生活的基本内涵，一些现代西方哲学家有着较为经典的论述与表达。作为开启西方马克思主义日常生活批判先河的人物，卢卡奇在其著作《审美特性》中首次提出了"日常生活"这一概念，并认为在人类各种对象化的形式中，日常生活处于本体论的重要地位，强调日常生活是人类一切存在的缘起和基础。卢卡奇指出："不论什么人都是从日常生活开始活动的"[①]，日常生活关乎人类生存之根本。日常生活是人们生存的重要场域，不仅科学、宗教以及艺术审美等等活动产生和形成于日常生活中，而且人的审美思维、审美意识也来源于日常生活，日常生活构成了人的生命活动的起点。受卢卡奇的影响，其学生阿格妮丝·赫勒也肯定日常生活的本

[①] 〔匈〕乔治·卢卡契：《审美特性》第一卷，徐恒醇译，中国社会科学出版社，1986，第5页。

体论作用，对日常生活展开了深入研究。赫勒认为日常生活是个体的再生产领域，是人类存在的基础性场所，它为人们获取生存，建构和实现生命意义提供着非常必要的条件，可以看作人的"类本质的对象化"，日常生活是人们围绕着自身生存需要而展开的对象化活动。在日常生活中，个体获得生存与发展，社会再生产得以重新进行。被西方学界公认为"日常生活批判理论之父"的列斐伏尔，在《被神秘化的意识》这本书中表达了他关于日常生活的理解。在之后的《日常生活批判》中，列斐伏尔进一步明确了日常生活的内涵。列斐伏尔认为日常生活是与每一个人的生存都息息相关的领域，日常活动是所有社会活动得以发生的基础，人正是在日常生活这个层面进行生产和再生产活动的。正如其所言："日常生活是一切活动的汇聚处，是它们的纽带，它们的共同的根基。也只有在日常生活中，造成人类的和每一个人的存在的社会关系总和，才能以完整的形态与方式体现出来。"[1]可见，在列斐伏尔看来，日常生活是人们各种社会关系和生活的存在根基。通过对现代西方哲学关于日常生活的基本界定和论述的分析，我们可以看出，他们普遍承认日常生活的客观优先性地位和基础性意义，认为人正是有了日常生活世界作为藏身之所才得以实现自己的可能性。但是，想当然地把日常生活世界理解为一个独立于人们物质生产活动之物的理想化的精神世界，却是其理论存在的共同病症之处。换而言之，卢卡奇、赫勒以及列斐伏尔等现代西方思想家显然忽视了对日常生活世界根基的物质生产这一坚实基础的重视和考察，这样一来，他们所把握和揭示的日常生活世界由于缺乏实践的维度，未能自觉到物质生产实践的历史性作用，因而他们所理解的日常生活也只能沦为片面的、空洞的观念生活或抽象的精神生活，精神生活成为日常生活的唯一真实内容。

---

[1] Henri Lefebvre, *Critique of Everyday Life*, *volume I* (London and New York: Verso, 1991), p.97.

那么，马克思是如何看待人的日常生活的？或者说我们应当如何理解马克思哲学视野中的日常生活？通过考究，我们发现对于"日常生活"一词，马克思虽未曾过多地使用，但"生活""实际生活""现实生活"等词却多次在马克思的著作中出现。在《德意志意识形态》中，马克思关于生活做出了十分重要的论述，这其中就蕴含着对日常生活概念的基本观点与理解。在马克思看来，日常生活是指"个人的全部活生生的感性活动"①，是"个人的生活过程"②，也就是人的感性生活、现实生活。这种现实生活"既包括物质生活，也包括精神生活"③，是人类的生活总体。也就是说，日常生活作为一种整体性生活，它既包括满足人们衣、食、住、行等基本生存的物质生产活动，亦包含人的日常交往活动、日常消费活动、休闲娱乐以及观念和思想等精神层面的活动，在日常生活中，物质生活主要满足人的物质需要，精神生活则满足人的精神需要，物质生活和精神生活共同组成了人的现实的日常生活的全部内容。一句话，日常生活就是人们生活于其中的现实生活的总体。而在这种总体性的日常生活中，马克思认为物质生活的生产方式从根本上制约和影响着社会生活、精神生活的全部过程，物质生活具有基础性的决定地位，这是因为"我们首先应当确定一切人类生存的第一个前提，也就是一切历史的第一个前提，这个前提是：人们为了能够创造历史，必须能够生活。但是为了生活，首先就需要吃喝住穿以及其他一些东西。因此第一个历史活动就是生产满足这些需要的资料，即生产物质生活本身。"④ 在这里，物质生活的"决定性作用"并非指物质生活外在地、直接地决定着精神生活，一定物质生活必然对应着一定的精神生活，而是指物质生活为精神生活提供着最为根本的基础性条件，是精神

---

① 《马克思恩格斯文集》第1卷，人民出版社，2009，第530页。

② 《马克思恩格斯文集》第1卷，人民出版社，2009，第525页。

③ 李文阁：《我们该怎样生活——论生活哲学的转向》，《学术研究》2010年第1期。

④ 《马克思恩格斯选集》第一卷，人民出版社，2012，第158页。

生活的必要性支撑。这意味着在马克思哲学那里，人的日常生活世界既不是西方传统的唯心主义理解的纯粹精神性的存在，也不是旧唯物主义所理解的直观的物质化存在，而应是物质性与精神性内在统一的整全性存在。在传统观念中，物质生活与精神生活之间是分离的，是相互排斥的，日常生活世界的丰富性与整全性未能得到合理的理解。在马克思哲学看来，物质生活与精神生活同时作为人的日常生活的整体性内容而存在。换而言之，日常生活不是单一的、线性的生活，而是一种全面的、辩证的生活，它就是关于人的存在与活动的现实的丰富的历史过程。

作为人的全部的现实生活过程，日常生活依据马克思的观点包含着三重重要关系，即人与自然的关系、人与人的关系以及人与自身的关系，这三重基本关系构成了日常生活的真实场域和内容。马克思认为，人与自然之间的关系是日常生活中最为基础性的关系，人的现实生活，无论是物质生活还是精神生活，它们皆与自然密不可分，自然不仅直接为人提供生活资料，也是人的意识、思想和精神活动的来源和对象，人依靠自然界生活，在人和自然勾连的对象性关系中，人的"生存世界"逐渐产生和形成。然而在人与自然的关联之中必然结成人与人的不可分割的社会关系，为了改造自然，维持物质生产活动，人们不得不发生一定的联系和关系，形成生命共同体。在这种"为我关系"中，双方具有各自朝着对方生成的规定性，在与他人的日常交往中个人创造、确证和实现着自己的本质化力量，成为活生生的、现实的存在。也只有在人与人的关系中，在人的社会关系的范围内，才真正形成人与自然的关系。没有人与人之间的日常生活交往，就没有人与自然的本质交换，社会生产活动也便无法开展和进行。有人与人的社会性关系，才有人的现实生活过程，也才会有人对自然的历史关系。总而言之，在人与自然以及人与人的对象性活动关系中，人的日常生活得以不断地形成，并获得提升与发展。就此而言，马克思哲学视野中的日常生活并非一个凝固的、变动不居的静态世界，而是一个生生不息的、发展着的动态世界，始终处于一定的生成与发展的历史性过程之中，且伴随着人的社会实践关系的变化而变化。

（二）日常生活的辩证本性及其社会历史向度

在马克思那里，实践是人认识并改造现实世界的物质性活动，同时也是人的自我超越和自我发展的创造性活动，"它内蕴着现实生活世界对立统一、变化发展和自我否定的基本精神"①，因而马克思理解人及其日常生活的实践观点的思维方式事实上是一种彻底的辩证法的思维方式。立足于实践辩证法，我们就会看到日常生活的辩证本性，即日常生活始终是一个充满矛盾的、辩证的发展过程。在人的日常生活的发展过程中，理想性和现实性之间的矛盾构成了日常生活的内在矛盾。具体来说，人总是生活在现实生活世界之中，并且总是立足和依存于感性物质条件，客观的物质基础为人提供了生存的希望，赋予人以发展的可能和机会，人注定是无法离开当下实际的物质生活的。因此，在人的日常生活世界中，不可避免地包含有现实性的内容。然而，人之所以为人，人的生活之所以区别于动物式的生存，根本在于人具有超越本性，人能改变和超越生活的现状，并不断追求好生活、奔赴有意义的生活。通过实践获得生活的意义与价值，是人的生活的内在根据和终极追求。基于此，人的日常生活便不仅仅是现实性的存在，更是一种理想性的存在，"是把现实变成理想的现实存在"②，也就是黑格尔曾强调的，人应当通过主观意志的努力把生活世界变成本该如此的存在状态，即内在地包含着超脱现实感性物质生活所指向的理想状态，促使现实生活成为一种更加丰富的、多样化的满足人们意愿和期待的理想化生活。就此而言，人既是依照基于现实之维的"物的尺度"来生存，又是按照基于理想之维的"人的尺度"

---

① 王艳华：《马克思哲学视域中的信仰观变革及其当代价值》，东北师范大学出版社，2014，第102页。

② 孙正聿：《人的精神家园》，江苏人民出版社，2013，第157页。

来生活，日常生活不仅要为人的思想、行为提供和规定具有现实性的依据与准则，使人掌握和利用生活世界的内在规律，同时要敞开葆有内在超越性的生活理想和生活意境，为人的存在注入精神和动力。现实性与理想性是日常生活的双翼，现实性是理想性的客观基础和重要前提，失去现实性内容，生活的理想就会沦为空想抑或坠入虚无的深渊，理想性引导和规定着现实性，没有了理想与期待，现实生活便会失去前行的方向和希望。总之，现实性与理想性的矛盾构成了日常生活的内在张力，不断推动着人的日常生活世界向着更高的境界提升和发展。正是在理想与现实的矛盾关系中，日常生活昭示和展现出更多的可能性与丰富性，从而成为促进和实现人的生命价值的重要场所。

既然日常生活是由矛盾推动而不断发展的，那么值得深思的是，对于人的日常生活而言，其发展变化的内在机理和基本规律究竟是什么？以马克思的观点来看，物质生活与精神生活的辩证发展规律构成了日常生活的基本规律。在日常生活的整体性结构中，物质生活与精神生活的关系是最为基础性的关系。以物质性和超越性为特质的物质生活与精神生活形成了人类现实生活的两个基本扇面。在主客二分的传统思维方式中，囿于人被片面地理解为物质性的存在或者精神性的存在，在此基础上所形成的关于日常生活的理解也只能是单一的物质生活抑或是精神生活。而在马克思实践观点的思维视野中人不只拥有自然的物质属性，而且具有超自然的精神属性，富有双重生命本性的人类日常生活是物质生活与精神生活的内在统一，物质生活与精神生活共同构成了人的现实生活的真实存在。在马克思看来，物质生活和精神生活同时作为人类日常生活的整体内容而存在，二者之间是一种辩证关系，这种辩证关系是日常生活世界发展的基本规律。一方面，物质生活是人类最基本的生活样态，物质生活的生产方式是人们现实生活及其历史发展的重要前提，人的物质需要的满足是人维持生存的基础性条件，也是人的精神生活的先在前提，为人的精神生活的全面发展创造着客观条件，可以说精神生活乃至整个社会生活的历史发展都深受其影响和制约。马克思于《德意志意识形态》中十分明确地强调精神有其产生的客观物质前提。对于人类而言，物质生活具有根本性和基础性意义。我们通常所说的物质生活决定精神生活中的决定并非指外在的、直接性的决定，不是一种一一对应的关系，而是强调物质生活为精神生活奠定了一定的基础性条件，提供着必要的支撑作用，精神生活和社会文明发展的状况和程度总体上是建基于一定的物质生活条件和水平之上的。在此意义上，物质生活的决定性作用应当是基础性的、总体性的。另一方面，日常生活虽受制于物质生活，但精神生活自身具有相对独立性和内在超越性。人的超越本性使得人要超脱粗鄙的、有限的物质性内容，为人的生命和生活灌注精神性意义，超越性是人的日常生活的本质特征。人类精神及其生活通过实践的方式，不断实现自我否定、自我超越，进而成为源于却远远高出物质生活的自由生活样态，为人的生活构建出一个崇高的"意义世界"，不断引领和提升物质生活的发展与进步。没有了精神生活，人类文明则无从发展。总之，物质生活与精神生活的辩证关系及其协调发展规律贯穿于整个人类生活过程的始终，寻求物质生活与精神生活的和谐，使物质生活不断成为实现和丰富精神需要的基本条件，使精神生活的改善和提升能够更好地促进和影响物质生活，从而实现物质生活与精神生活的共同发展、协调发展，是人的日常生活的内在要求和基本规律。

实践观点与社会历史观点内在地联系在一起，它赋予人的日常生活以社会历史的内在规定性。在马克思历史唯物主义视域中，实践观点本质地蕴含并通向社会历史的观点。以实践的观点来看，日常生活处于不断发展的人类历史过程之中，并与人的历史性存在与发展的辩证过程具有内在一致性，人的发展形态的变迁从根本上决定着日常生活的发展形态的不断变迁。众所周知，在《1857–1858经济学手稿》当中，马克思以人的存在方式的历史性变革为基础，将人的发展基本划分为人的依赖关系、以物的依赖关系为基础的人的独立性、个人全面发展基础上的自由个性三大形态。依据马克思的观点，我们可以将人的日常生活的发展相应地划分为三种形态，即以"人的依赖关系"为特征的日常生活形态、"以物的依赖性为基础的人的独立性"为特征的日常生活形态和以人的"自由个性"为特征的日常生活形态。具体而言，以"人的依赖关系"为特征的日常生活主要指原初的古代社会中人的日常生活。在生产力极其低下的自然经济社会，自然力量的强大迫使个体只能在极其狭小范围内开展物质生产活动，人的日常生活也因此带有一种十分明显的依附性特征，人的日常生产、日常交往等活动皆只能在以血缘为纽带而组成的一定的共同体之内去进行，这种日常生活在很大程度上是为了满足个体的衣食住行、后代繁衍、生老病死这些生存性的问题而展开和形成的，因而在这种生存条件之下的人基本上处于一种自发的日常生活状态。逐渐地，伴随着生产力的提高和科技的进步，人类的发展步入了资本主义占统治地位的商品经济时代，人们生产活动和物质交往的范围也日益扩大，日常生活世界不断丰富的同时亦陷入强大的科技理性的统治之中，科技理性主导着日常生活世界，人的日常生活逐渐陷入了工业体系的裹挟和操控之中而丧失自觉性、自由性，沦为一种毫无意义的物化生活。步入人类发展形态的高级阶段——共产主义，生产资料属于所有社会成员，生产过程由整个社会调节和把控，社会生产将直接满足全体社会成员的生活所需，每个人均可在广泛的生产活动和普遍的社会交往中充分发展和发挥自己的才能和力量，最终生成并实现自由个性的发展。建立在自由个性基础上的人的日常需求从对物的沉沦中挺拔出来，展现出超越性和多样性，人的日常生活亦随之实现和达到真正自由和个性化的状态。

（三）日常生活与人的解放和发展

基于现实的人及其历史发展，马克思的日常生活批判思想体现出对人类生存状况的深切关注。在确立起现实的人之后，马克思关于人的日常生活的理解就不再表现为一般的理论的态度，不是单纯地在理论层面上思考和论证人的日常生活应该是怎样的，而是以一种实践的态度立足于人的现实发展需要去理解和反思日常生活世界。也就是说，马克思不仅仅从社会历史性等维度阐释和展现日常生活的内涵，更注重和强调对现实的日常生活状况的批判与改造，彻底地改变人的日常生活现状是马克思日常生活批判理论的价值诉求。马克思始终关心人的现实生活，尤其是占生活主体绝大多数的工人阶级的生活状况。马克思与同时代的思想家的不同之处就在于，他总是将现实的人及其日常生活问题作为理论研究的基点。因此，马克思一开始就表现出一种强烈的关切现实生活、致力于改变现实生存境遇的高远思想和情怀。早在中学毕业论文中，17岁的马克思就否定了那种沉迷于对抽象真理探讨的职业，而坚定了一条为人的现实生活的幸福和完美、为全人类解放而工作的崇高理想追求。在马克思看来，这一现实就是现代资本主义条件下人的日常生活的异化问题。基于此，马克思对日常生活的关注和探讨便主要集中于对资本主义社会生活异化问题的考察和揭露。为此，马克思深入研究和论述资本主义社会中人的日常生活遭遇巨大灾难的现实，探索和思考招致日常生活问题的病症以及根源所在，并提出了将现存生活世界彻底革命化的宏旨，致力于为人的现实生活寻找根本出路和方向。

以"现实的人及其历史发展"为逻辑主线，马克思对日常生活问题的理解和把握内在关联着人的解放与自由而全面发展问题，人的解放与自由而全面发展是马克思日常生活批判思想的鲜明价值旨趣。也就是说，从现实的人的生存和生活处境出发，马克思关于日常生活的理解聚焦于对日常生活异化问题的揭示和剖判，力求将人从现实生活的沉重苦难中解放出来，最终彻底实现人的解放与自由而全面的发展。如何把人的日常生活从严重异化的状态中拯救出来，使之摆脱生存异化的境遇，重新给人的生活完满的信心和希望，成为马克思日常生活批判思想的价值追求。因此，人的解放与自由而全面的发展不仅是马克思日常生活批判思想的永恒主题，亦是其终极的价值关怀。可以说，马克思日常生活批判思想这一价值旨趣也是马克思哲学的根本旨趣所在。马克思以人的解放与自由而全面发展为旨趣的日常生活批判思想使得"解放"、"自由"和"发展"不再是虚幻的乌托邦理想，而成为人们现实生活的内在因素或者必然趋向，其实现就存在于人的日常生活的实际过程之中。在此意义上，我们认为要深入理解和领会马克思哲学的旨趣必须通过马克思的日常生活批判思想，马克思日常生活批判思想最直接、最鲜明地体现出马克思哲学的这一崇高旨趣。在这里，所谓人的解放，马克思精辟地概括为让人全面拥有自己的生活世界和全部生活关系。换而言之，就是把人从资本主义制度的残忍压迫和桎梏中解救出来，使人摆脱一切受奴役的社会关系，让人的生活成为生成和确证人之生命本性的自觉性活动，让人的全部感觉特质表现为活生生的、真实的人的感觉，进而实现人的真正的自由。人的自由全面的发展在马克思看来，主要包含人的能力得到充分体现、人的社会关系获得健全发展、人的生活需要变得丰富多样、人的生命实现个性自由发展等等。在马克思那里，人的解放从来都不是一种纯粹的观念层面的活动，而是富有深刻的、巨大历史感的现实活动，人的自由而全面的发展表征人的一种理想的生存状态抑或是完美的生活方式，它就是人不断获得自我解放的历史过程，人的解放与人的自由而全面的发展实质上就是同一个过程，这一过程就是人批判和改造自身所处的现实生活世界的历史性过程。总之，马克思的日常生活批判思想旨在引领和指导人们通过变革资本主义条件之下不合理的生活方式，实际地改变着人在"非神圣形象"中的自我异化的生活处境，人的现实日常生活问题永远都是马克思日常生活批判思想所关心和探究的问题，它的根本价值目标就是要使人在健全的社会生活中获得真实的独立和解放，进而达至一种自由而全面发展的生存状态。

第三章　日常生活异化的历史唯物主义批判

自从工业文明以来，人类社会步入了一个狂飙式发展的时代——资本全球化时代。资本主义工业的迅猛崛起和发展，使得生产力水平得到了十分显著的提升，社会物质财富急剧增加，极大地改善和丰富了人的物质生活。但与此同时，这也给人类的存在及其生活带来了巨大的困境与挑战。享受和沉醉于物质盛宴和欢娱之中的现代人丧失了内在超越的精神，日益陷入焦虑、不安和恐慌的生存状态，日常生活由此沦为一种异化的生活，缺乏意义与价值，陷入了虚无化的处境之中。

在马克思历史唯物主义看来，日常生活的异化主要表现为日常生活超越性的丧失、日常生活丰富性的丧失和日常生活意义性的丧失，日常生活的异化的本质是人的生存的总体异化，人的存在状态的异化从根本上导致日常生活世界陷入了异化的处境。与此同时，马克思从宗教批判和商品拜物教批判双重维度对人的日常生活异化展开了深入的反思，剖析了信仰生活的神化和物化的处境，从而揭示出人在"神圣形象"和"非神圣形象"之中的自我异化的生存现实。把人的信仰从神化和物化的状态中解放出来，实现信仰生活对于人类日常生活所具有的价值和意义，成为马克思宗教信仰批判和商品拜物教批判的真实意义。

马克思对日常生活异化的实质和根源进行了深入分析和批判。马克思指出日常生活之所以会发生异化，究其根本，在于资本逻辑的宰制，资本主义的强大统治和操控造成人的日常生活世界的严重异化。在资本逻辑的主导和支配下，人的劳动活动变成非人化的存在，变成不再属于劳动者本人的异化劳动。劳动的异化最终导致人与自身的关系、人与人的关系以及人与自然之间关系的全面异化，从而引发了日常生活世界的总体性异化。

一　日常生活的异化及其本质

日常生活的异化也即日常生活的物化，主要表现为日常生活超越性的丧失、日常生活丰富性的丧失和日常生活意义性的丧失。事实上，日常生活的异化的本质在马克思看来，是人的生存的总体异化，人的存在状态的异化从根本上导致日常生活世界陷入了异化的处境。然而，人的生存异化则具体表现为人的生活关系的全面异化，即人与自身的关系、人与人的关系，以及人与自然之间关系的普遍异化。

（一）日常生活异化以及表现

自从工业文明以来，人类社会步入了一个快速发展的时代，迎来了资本全球化时代。资本主义工业的迅猛崛起和发展，不仅创造和改善着人类的生存环境，而且深刻地影响着人的生产方式、日常的生活方式和交往方式，不断改变着人的思维方式和价值观念。在机器大工业的助推下，以往的传统型产业逐渐被现代化工业所超越和取代，生产过程自动化程度大幅提高，生产力水平得到了显著提高，社会物质财富快速增加，正如马克思在《共产党宣言》中所精辟概括的那样，与以往任何时代相比，在短短的一百年时间之内，资本主义社会创造出了极其惊人的生产力财富。随着社会生产力的巨大进步与提升，人们的日常生活也不断得以丰富和多元化，智能手机、支付宝，网上购物等等拓宽了人们日常休闲、娱乐和学习的途径及方式。电子通信、飞机、高铁和地铁等高科技化交通工具的发展，极大地便利和密切了人们之间的日常交往和日常联系。然而，"这是一个最好的时代，也是一个最坏的时代"，英国著名作家狄更斯在一百多年前就已预言到。的确如此，现代工业文明为人类创造出前所未有的物质财富的同时，亦给人类的存在及其生活带来了极大的困境与挑战。享受和陶醉于物质盛宴和欢娱之中的现代人已然身陷重重危机，遭遇和面临着诸多"全球性问题"，生态环境失衡、资源能源短缺等等，不仅人赖以生存的"周围环境"遭到了严重破坏，甚至人自身也难逃厄运，人们沉溺于对物质生活的追逐和向往，变成了毫无精神追求的"木乃伊"，丧失了对生活意义的憧憬和执着，日益陷入焦虑、不安和恐慌的状态，人的日常生活由此沦为一种异化的生活，缺乏意义与价值，最终导致人们愈发感到乏味、无趣、空虚和落寞，陷入了虚无化的生活处境之中。

那么，何为日常生活的异化？在此，我们有必要首先对"异化"作出说明和阐释。"异化"一词本具有转让或让渡、疏远或分离之意，其被作为重要的哲学概念加以使用源于黑格尔，黑格尔使用异化来表达本质向存在、主体向客体转化的关系。自此之后，费尔巴哈将异化引入对宗教神学的批判之中，阐明了人的本质的二重化和颠倒。在扬弃黑格尔和费尔巴哈关于异化理解的思想基础之上，马克思则将异化与劳动相关联，以异化劳动为切入点揭示了资本主义条件下劳动者生产出来的劳动成果与劳动者自身之间的矛盾和冲突。很显然，马克思是在对立的意义上使用异化的。我们在这里所使用的"日常生活异化"概念，可以说在一定意义上是对马克思异化概念的进一步丰富和发展。就此而言，所谓日常生活的异化，可以理解为日常生活不再是对人的本质力量及其生活过程的积极肯定的存在，而成为不利于人类存在与发展的一种"敌对的和异己的力量"，反过来否定人、压抑人、束缚人、把人推向物化的深渊，从某种程度而言，对物的追求日益成为人们生存和生活的中心，物统摄和主宰着人的日常生活世界。也就是说，日常生活本应是确证和生成人之为人的本质，实现人之生命意义与价值的最基本也是最为重要的生活样态，人在日常的生活实践中通过对生活世界的不断审视和改造，为原本平庸无奇的日常生活注入深刻的精神意蕴和强大的意义感，日常生活具有属人性质，日常生活的发展表征着人的生命本质的充盈与生命境界的提升。但在资本主义条件下，作为人的存在的日常生活世界沦为与人的本质截然对立的存在物，统治人、压迫人，日常生活成了马克斯·韦伯在《新教伦理和资本主义精神》一书中生动形象比喻的囚禁人性的"铁笼"。在异化的日常生活中，人们不再崇拜和相信自己反而信奉和膜拜"物"，沉迷于对各种"物"的追捧和享受当中，继而沦为物的奴仆和附庸，愈发陷入物化生活的桎梏中难以自拔，日益丧失自身本真的存在，最终彻底地遗忘和失去生命的尊严与价值。

日常生活的异化也就是日常生活的物化，主要表现为日常生活超越性的丧失、日常生活丰富性的丧失和日常生活意义性的丧失。依照马克思哲学的观点，人是富有双重生命本性的存在物，人既拥有依赖于物质环境的自然生命，又具有超越自然物质的精神生命，自然生命与精神生命共同构成了人的完整生命。那么，与之相对应，人的日常生活亦展现为物质生活和精神生活，日常生活具有物质性和精神性两个维度。日常生活虽深受物质生活的制约，但体现出一定的独立性和内在超越性。生活之为生活而非简单的动物般的生存，就在于它要超越粗鄙的、有限的物质性内容，为人的生命和生存灌注精神性意义，超越性是人的日常生活的本质特征。然而，现代人的日常生活丧失了其本有的内在超越的、自由的性质，人之存在及其精神服膺于物质，日常生活完全等同于物质生活。由此一来，在以"物的世界"为主导的日常生活中，人们的生活需要仅仅围绕着琳琅满目的"物"来产生和实现，人将对"物"的追逐与消费当成自己的人生目标。在日常生活异化的现时代，对物资、物产占有和使用的程度成了一把标尺，在考量个人是否获得成功方面起着相当重要的作用，甚至人们生活的幸福指数也以此作为参考。一句话，物成为整个世界的核心存在。在此条件下，人的日常生活逐渐变成了"单向度"的物化生活，单调乏味、平淡无趣，日益失去本有的丰富性和多样性。这种丧失内在超越性和丰富性的日常生活，最终沦为一种毫无生机、意义贫乏的生活。然而，人总是一种寻求意义的存在，"意义的向度是人所固有的"①，只有追寻并实现生命的价值与生活的意义才是人的真实的存在，"无价值"的生命和"无意义"的生活，对人来说是"存在的空虚"。马克思认为日常生活就是人的全部现实生活，日常生活从根本上承载着人的生命价值，人类正是在真切的日常生活过程中自觉并感悟到生命的存在与意义。在日常的生活实践之中，人能够有意识地支配自己的生命活动，以实践的主动方式去改变、提升自身的生活方式和生活境界，从而赋予有限的生命以无限的意义和价值。然而一旦人的日常生活发生物化，日常生活便不再具有意义的深度感，开始变得平淡化、肤浅化和虚无化。总而言之，日常生活超越性的丧失、日常生活丰富性的丧失以及日常生活意义性的丧失是现代人日常生活异化状况的集中表现和真切感受。

（二）日常生活异化本质是人的生存总体异化

事实上，在马克思那里，日常生活的异化就是人自身生存异化的现实反映和表征，人的存在的总体异化从根本上导致日常生活世界陷入了全面异化的境遇。在马克思哲学看来，异化从来都不是天然存在的，异化问题本质上是一定社会条件之下人的生存异化问题，这是马克思历史唯物主义关于异化问题的一个最基本的判断。因此，日常生活的异化之谜仍需回到人的存在本身去寻求解答，日常生活的异化是人的一种现实的、真实的异化。在《1844年经济学哲学手稿》当中，马克思针对资本主义社会之下人们生存的现实状况进行了深刻的揭露，认为人的存在及其本质发生了十分

①〔美〕A. J. 赫舍尔：《人是谁》，隗仁莲译，贵州人民出版社，1994，第4页。

严重的异化，无论是人的自然生命抑或是精神生命，皆变为与人相异的存在，成为获取生存的工具。换而言之，人失去了自我本质，愈益远离自己的类生活，生活不再是人们生成生命，确认并实现生命意义与价值的重要样式，人的日常生活仅仅沦为一种"存活"、谋生的方式。人的生存异化在海德格尔那里被称之为"存在的遗忘"，海德格尔认为人对自身本真存在的遗忘造成人在日常生活中的"烦"和"沉沦"。在这一点上，海德格尔的观点可以说与马克思的思想有着异曲同工之妙。在这种异化的生存境况下，人的"类意识"，人的主体性一步一步地丧失，人将自己的"类本质"异化给了自身之外的物，人逐渐成为物的附属品和奴隶，"物的世界的增殖"和"人的世界的贬值"成为人类生存不可避免的悖论，造成并非物因人存在，而是人因物存活。最终，人的自由受到束缚和禁锢，人的精神亦饱受折磨和摧残，人的生活质量的提升与发展不断遭到阻碍和破坏。在现实的日常生活中，人总是不愿积极地认可自己，反而消极地否认自己，感受不到幸福和快乐，时常深感失望和不幸。日常生活之中的人们表现得越是忙碌、急促，人便越发觉得焦虑、空虚，生活犹如断线的风筝失去了重心和方向，人变得四处漂泊，无家可归。

　　日常生活的异化本质上是人的生存的总体异化，而人的生存异化则具体表现为人的生活关系的全面异化，即人与自身、人与人以及人与自然之间关系的普遍异化。人的生活关系主要包括人与自身、人与人、人与自然的关系，这三种基本关系构成了日常生活的现实内容。然而，人同"自己的类本质相异化的直接后果就是人同人相异化，当人同自身相对立的时候，他也同他人相对立。"①也就是说，对于人与人的关系而言，在日常生活过程中，人们之间本应是一种互为需要、彼此依存的社会关系，每个人皆将他人视为自己的对象性存在，充分肯定并尊重他人的自由和个性，以此为前提去与他人

---

① 马克思：《1844年经济学哲学手稿》，人民出版社，2000，第59页。

进行联系和交往。在这种对象化的日常交往中，个人不断获得自我确证和自我发展，使自己生成和发展为具有人的规定性的存在，从而成为真正的"大写意义上的人"。但囿于人的生存本质的严重异化，每个人不仅否定自己，而且也轻视和否定他人，不再将他人视为自身本质力量得以确认和实现的对象，反而当作敌人来对待，他人成为与自己相对立的存在。这使得人与人之间平淡如水，漠不关心，皆抱着"各人自扫门前雪，莫管他人瓦上霜"的世俗心态，没有了"人情味"可言，有的仅仅是一种纯粹的利用与被利用的关系，人与人的交往关系的形成和发展甚至是以利益为根本选择标准和依据的，人的存在和物的存活甚至没有什么太大的区别。至此，人的生命价值等同于交换价值，人与人之间的关系沦为赤裸裸的金钱交易关系，人与他人的关系被物与物的关系一步步地吞噬和取代，人的日常交往关系完全异化了。在异化的日常交往关系下，人自身的异化程度进一步蔓延和扩张，这反过来又加剧了人的生存状况的异化。

人与自然的关系也是人的全部生活关系的基本内容。然而一旦人与人的日常交往关系发生异化，"他们之间的狭隘关系又决定着他们对待自然界的狭隘的关系"[1]，人与自然的关系必然出现分离和对立。马克思认为，人与自然原本是内在统一的和谐关系，自然条件是人类产生与发展的重要前提，动植物、阳光、空气、山川、河流等等自然存在物为人类源源不断地提供着日常生活所需的资源和环境，人的生活依靠自然物质基础得以实现和发展。不仅如此，连同人的感觉、意识、精神也是在认识和改造自然对象的日常实践活动中形成，脱离了自然物，人的感觉、意识就不会具有属人的特质，也不会敞开其历史丰富性。通过具体的日常生活实践，自然界逐渐摆脱"荒野"状态，获得"人化"的性质，成为真正的现实的人的自然。人与自然在日常的生活实践关系中不断实现着和谐统一。但当人与人

---

[1]《马克思恩格斯选集》第1卷，人民出版社，2012，第161页。

相异化的时候，人也以对待人的充满敌意眼光来审视和看待自然，因为人与人的关系内在规定着人与自然之间的关系。异化了的人对待自然的态度和方式彻底发生了转变，人们不是将自然看作"无机身体"，看作自己生命和生活的重要部分，反而对自然所具有的内在价值视而不见，只是一味地将自然当作随意支配和利用的对象，自然环境成了人类获利的手段，"有用性"成为人们对待自然界的根本态度。诚如马克思在《1844年经济学哲学手稿》中所言，对于经营矿物的商人来说，矿物仅仅带来巨大的商业性价值，而矿物所具有的自然美和自然特质，他是毫无兴趣的。这样一来，大自然日益沦为人类征服和统治的奴仆，人甚至无视自然生态规律的存在，迫使自然界的一切领域都服从于社会的生产和盈利。最终，人类对大自然的肆意掠夺和无情"改造"打破了自然环境本身的可承载范围，生态系统平衡遭到破坏，导致生态危机的爆发，严重危及人的生存乃至日常生活的发展。

　　总而言之，日常生活的异化归根结底是人之生存的异化，人的生存本质的异化导致人与自身、人与人和人与自然关系的全面异化，进而使得人的生活走向了总体异化的境遇。伴随着现代人生存异化状况的不断加剧，日常生活问题日益成为一个严峻而紧迫的时代课题。身处异化生活中的现代人，不仅物质生活显得十分单调、平庸，而且连同精神生活亦呈现出严重的虚无化趋势，情绪焦躁、信仰危机，人的日常生活不是一味地仰慕和追逐神性，进而被引入宗教的精神圣地，便是深陷物质的泥淖之中难以自拔继而走向物化，人的现实生活最终在精神生活与物质生活的截然二分与对立中愈发矛盾重重，危机四伏。马克思历史唯物主义从宗教批判和物化批判两个维度对日常生活异化问题展开的深刻批判，对日常生活异化根源的揭示对于当代人摆脱危机，化解生存困境有着十分重要的启发性意义。日常生活的异化不仅包括物质生活的异化，还包括精神生活的异化，信仰危机是人的精神生活异化的直接后果和表现，即信仰神化和信仰物化状况。

二 人在"神圣形象"中的自我异化及其批判

信仰生活是人的现实的日常生活的重要组成部分。对信仰神化的批判是马克思历史唯物主义对日常生活异化问题分析和反思的一个重要维度。通过对传统的宗教信仰展开深入批判，马克思揭示出宗教信仰实际上是一种神化的信仰，它始终以"神"为中心，本质是人在"神圣形象"中的自我异化。立足于对宗教信仰产生的实质和社会根源的系统剖析，马克思力求把人的信仰从神学的领域中解救出来，实现对信仰生活的人学理解。

（一）宗教：神化的信仰对世俗生活的否定

何为信仰？人又为何需要信仰？信仰对于人而言究竟意味着什么？我们认为，信仰就是"相信人生中有某种超出世俗利益的精神目标，它比人的生命更重要，使人的心灵充实，安顿人的存在，赋予人以存在的勇气，提升人存在的境界，人的生命由此而获得一种崇高感"[①]。也就是说，信仰是对超越生命本身的崇高意义的体认和确证，是对人的存在价值的终极关怀。然而，信仰对人的终极关怀实质上是精神层面的关怀，表现为一种超越性的精神生活。西方著名思想家蒂利希就曾强调信仰表现出终极性的关怀，认为这种终极关怀在人类精神生活机理中占据着基础性地位，处于精神生活的最深层之中。人的精神生活就是寻找并实现生命意义的生活，为人的存在提供意义的根据和支撑。就此而言，作为一种内在的、超越生命意义的精神生活，信仰为人们敞开的世界是充满神圣性的价值世界，引领人们不断构筑精神的家园。从根本上来说，人对信仰的追寻和渴求来自人类生命超越本性的内在

[①] 王艳华：《马克思哲学视域中的信仰观变革及其当代价值》，东北师范大学出版社，2014，第1页。

需要。人的超自然生命从根本上决定了人的内在超越本性，即人总是不满足于现实状况，在自我否定与自我超越中不断寻求为何生存的意义，追求如何生活的价值，努力把自然而然的人生变成有价值、有意义的理想的生活，因而意义总是于人而言的，只有追寻并实现生命的价值与生活的意义才是人的最为真实的存在，毫无价值和意义的生活对于人来说只能是一种存在着的空虚。由此可见，信仰源于人的内在本性，信仰并非是可有可无，而是不可或缺的。信仰生活无疑构成了人的现实生活的重要内容，是人类生活的有机组成部分，"信仰对于生命精神的生成与丰盈是最为根本的"[①]。失去信仰，人如浮沉般没有了安身立命之本，丧失了家园感，人的存在没有了内在的坚定性，最终无法使自身生命获得崇高性与意义性。面对怀疑主义和虚无主义的不断侵袭，现代人愈来愈迫切地需要源自心灵深处的精神支柱和形而上的价值关怀。

　　谈及信仰，人们必然会想到宗教，甚至有"信仰等同于宗教"的流俗说法，宗教几乎成为信仰的化身和代名词。"人要是没有信仰，就必然受人奴役；而要想有自由，就必须信奉宗教。"[②]托克维尔也曾经这样感慨。然而，宗教与信仰其实并非一回事。就二者的关系而言，信仰是宗教的灵魂，宗教的根据就存在于信仰之中，宗教仅仅是信仰的一种特定的表现形式，而非其唯一的存在方式。在传统社会中，宗教信仰可以说一直都是人类信仰的主要形式，但伴随着现代社会的进步与发展，信仰则出现了世俗化的转向，形成了各种非宗教形式的世俗化信仰。作为人类把握世界和理解生命的独特方式，宗教实质上是一种神化的信仰。换而言之，宗教信仰是以"神""上帝"等终极实体为信仰对象的。从图腾崇拜到对上帝的宣扬，宗教信仰无不体现着人类对各路神灵的膜拜和追捧，"宗教就是对一位至高无上的神的

---

① 胡海波：《精神生活、精神家园及其信仰问题》，《社会科学战线》2014年第1期。
② 〔法〕托克维尔：《论美国的民主》下卷，董果良译，商务印书馆，1988，第314页。

信仰"①，这种信仰是对神的一种渴望，极其渴望得到神和上帝的垂怜与关爱，人对神总是怀有深深的敬畏感和依赖感。在传统的宗教神学信仰那里，神灵或者上帝往往是终极性存在，是真、善、美的统一体，体现出全知全能的特性。终极实体所预设和表现的尺度和准则，成为规范和检验人和人的现实生活世界的内在依据。神、上帝不仅拥有最高的权力和尊荣，而且操控和掌握着人世间的一切，甚至预设和主宰着人的前世与今生。在宗教学家斯特伦看来，宗教信仰"是对'神圣'做出的自觉而肯定的反应，信仰'神圣'的一切：他的神秘、他的启示，他可怕的力量，他的创造的诸多可能性。"②总而言之，宗教是以"神圣形象"为信仰对象和内容的，宗教信仰是人类信仰神化的直接表现和结果。

作为一种神化的信仰，宗教信仰虽具有一定的超越性意义，但令人遗憾的是，这种超越性却并非内在的，而是外在的，因而最终也只能为人提供暂时的心灵慰藉和精神支撑，不能给人以终极的价值关怀，从而使人获得安身立命的根本。人对信仰的追求正是源于生命内在的超越本性，宗教信仰便是人试图通过对超验的精神本体的一种追寻和把握所体现出的人关于自身的确证与领悟，以一种抽象的方式彰显出人类努力克服有限和短暂的生存，追逐和实现无限的、永恒的生命，从而超越贫乏的此岸世界去达至神圣的、充满意义的彼岸世界的夙愿。在一定意义上，人通过对宗教神灵的虔诚信奉，不仅明确和体悟到自己在茫茫宇宙之中的渺小位置，并由此获得了自身存在的意义和价值。在宗教信仰中，人们体验并领悟到一种神奇的力量，看到了自我得救和解脱的希望，精神得以不断升华，日常生活打破了自在的性质而获得了无限提升的可能性。在此意义上，宗教信仰

---

① 〔法〕埃米尔·涂尔干：《宗教社会的基本形式》，渠敬东等译，上海人民出版社，1999，第35页。

② 〔美〕斯特伦：《人与神——宗教生活的理解》，金泽等译，上海人民出版社，1992，第60页。

正如西方哲学家维特根斯坦所高度评价的那般，它体现出一种高境界的精神生活，是表征着人的幸福状态的生活方式。因此，作为一种信仰方式，传统的宗教信仰与人的超越本性是密切关联的，这一点恩格斯也曾给予肯定。然而，这种神化了的信仰却是对人的生命超越性的极端的、抽象的表达，它是对自己前途和命运无能为力，身陷于沉重的苦难的世俗社会之中的人们希冀摆脱现实、超出苦难，期望实现和拥有幸福生活的一种异化的表现，因而是人们在头脑的幻想中通过极端的方式所表达出的对自身超越性的追求和向往。在这种基于外在的、极端的超越方式的神化的宗教信仰的指引下，人们所追求和实现的意义世界总是彼岸性的、外在于人的、与人的现实生存相对立的神圣存在，而不是某种内在于人的东西，以永恒不变的"神圣形象"来规定和要求现实的人及其日常生活世界，至高无上的、虚无的神圣存在反而支配和宰制世俗生活，决定着人们生活中的得失与祸福，甚至成为衡量和裁决一切现实存在的原则和依据。久而久之，这种极端外在的价值态度不仅使人的"理想生活"和"现实生活"陷入僵硬的、截然的对立之中，而且导致人丧失了批判和改造现实世界的能动力量，追寻着"神的目光"的人们整日遵照和领会着"神的旨意"，全然沉浸于虚无的彼岸世界，人的意志消退，行为懈怠、在现实生活中表现得低沉消极，最终舍弃和否定现世生活的价值和意义而仅仅将希望给予虚幻的来世。神化的信仰招致和造成的结果是，人们的现实生活不过是为获得来世的转生和福祉，始终围绕着、服务于"虚幻的宗教生活"，为了实现和到达宗教生活所标榜和确立的"意义"。质言之，在对"神圣形象"的追捧和信奉过程中，人对意义的寻求，对美好理想的期待也不可避免地沦为充满神秘的、虚幻色彩的心灵体验。最终，沉浸在虚幻的意义支撑中的人类精神始终承受着不堪的重负，难以坚定生活的勇气和信念，以积极的、从容的态度去面对和创造生活，迫使日常生活不断遭到远离，进而逐渐被失落和遗忘。

（二）信仰的神化与人在"神圣形象"中的自我异化

信仰的神化绝非是人简单地从外在对神灵、上帝的敬畏和膜拜，亦不是表现为信任和依赖神灵的一种精神状态，而是意味着人彻底把"神圣形象"内化为引导和规范的自身思想、行为的根据、标准和尺度。因为信仰首先体现出一种信赖，其次表现为信奉。信赖表达的是人在情感层面上达成的共鸣，在心理方面产生的深深依赖感，体现了人对自己所坚持和信任的东西的确定不疑，而信奉则是人将自己所信之当作一种标准和尺度加以推崇和内化，并始终以这种标准和尺度来衡量和要求日常生活，内在地规范自己日常的所思和所行。因此，"没有'内化'，就没有'信仰'"[①]。就此而言，神化的宗教信仰的对象是存在于人的生命之内的，"神圣形象"已然不是外在的存在，成为一种内在于信仰者的规范性的存在，是人的一切思想和行为的"内在的根据"，神、上帝是生活中的"绝对律令"，人在对作为绝对根据和绝对真理的"神圣形象"虔诚信仰中安顿精神，找寻和获取生活的勇气，最终实现生命之"意义"。

然而，在马克思看来，人在自己创造的宗教信仰中所获得的这种灵魂的安顿和精神的抚慰，并不是人的现实的"自我实现"，而是人的现实的"自我异化"。换而言之，信仰的神化事实上是人在"神圣形象"中的自我异化，宗教信仰就是人的现实生活本质的异化。马克思认为，宗教信仰最深刻的根源就存在于人及其日常生活本身。在著作《黑格尔法哲学批判导言》中，马克思一针见血地指出："反宗教的批判的根据是：人创造了宗教，而不是宗教创造人。就是说，宗教是还没有获得自身或已经再度丧失自身的人的自我意识和自我感觉。"[②]在人类社会生活的早期，囿于人的力量十分渺小，外部自然环境对于人来说是一种无法控制的强大的异己力量，在此情况下，人类

---

① 孙正聿：《超越人在宗教中的"自我异化"》，《哲学研究》2017年第9期。

② 《马克思恩格斯选集》第1卷，人民出版社，2012，第1页。

形成了原始宗教。马克思在《德意志意识形态》之中曾明确强调，自然界起初完全是一种与人相对立的异己存在，具有十分强大的威慑力，人们在它面前犹如动物般一样，臣服、依从。伴随人类社会的向前发展，统治阶级的剥削和压制又迫使人们的生活陷入了水深火热之中，无法掌握自身命运的人们渴望找寻救赎之路，最终只能通过宗教信仰的方式获取对现实生活的希冀和期许。由此可见，从人的现实生活世界出发，就会发现并不是宗教创造了人类，而是人类创造出了宗教。这样，马克思就将以往被颠倒了的现实世界与宗教信仰的关系彻底地颠倒了过来。那么，人的信仰为何会神化？换句话说人为何会创造宗教？马克思指出，人们之所以需要宗教信仰，原因在于他们在日常生活的苦难中深感无力、无奈，从这点来说，宗教信仰是对现实的日常生活苦难的一种不满和抗争，"宗教里的苦难既是现实的苦难的表现，又是对这种现实的苦难的抗议。"①

马克思深入剖析了宗教信仰产生的社会生活根源及其本质。马克思强调，"一切宗教都不过是支配着人们日常生活的外部力量在人们头脑中的幻想的反映，在这种反映中，人间的力量采取了超人间的力量的形式"②。换句话说，人并不是抽象的存在，"不是抽象的栖息在世界以外的东西。人就是人的世界，就是国家，社会。国家、社会产生了宗教即颠倒了的世界观，因为它们本身就是颠倒了的世界"③，而宗教就是这种颠倒了的世界的理论表征和反映。"宗教把人的本质变成了幻想的现实性，因为人的本质没有真实的现实性。"④进而，马克思又指明这种幻想的现实性对于人的现实生活来说终究是空洞的，宗教并不能从根本上救人于水深火热之中，使人摆脱现实生活的苦难，获得身心的解放，它只是人们精神的"鸦片"，带给人的也只能是"幻想的幸福"，而并非真

---

① 《马克思恩格斯选集》第1卷，人民出版社，2012，第2页。
② 《马克思恩格斯选集》第3卷，人民出版社，2012，第703页。
③ 《马克思恩格斯全集》第1卷，人民出版社，1956，第452页。
④ 《马克思恩格斯全集》第1卷，人民出版社，1956，第452～453页。

实的幸福。马克思深刻地揭示了神化了的宗教信仰的本质，揭露了信仰神化与现实日常生活世界之间的内在关联，揭露出其超越世俗世界的虚假性和欺骗性。在马克思哲学看来，信仰神化与它得以产生的那个日常生活世界是内在关联的。宗教信仰就是这个颠倒了的世界的理论表达，是颠倒了的现实生活世界产生了颠倒的宗教，而颠倒了的宗教又为颠倒了的现实辩护。马克思认为，"废除作为人民幻想的幸福的宗教，也就是要求实现人民的现实的幸福。要求抛弃关于自己处境的幻想，也就是要求抛弃那需要幻想的处境"①。由此可知，对信仰神化的批判也就是对产生它的苦难世界的彻底批判，反对宗教的斗争也就是反对以"神圣形象"为精神慰藉的日常生活世界的斗争。就此，马克思对信仰神化的批判由"天国的批判"深入到"尘世"的批判。

马克思对宗教的批判继承了费尔巴哈的宗教批判思想。费尔巴哈基于人本学的立场对宗教进行了深刻批判。他把神的本质归结为人的本质，认为神就是人的本质的异化，神不过是人依据自己的形象塑造和刻画出来的，神就是人的化身而已，把宗教看作人的本质的自我异化，这无疑具有重要的历史性意义。但是，费尔巴哈最终以抽象的类本质的人取代神成为最高的本质，宗教的异化仅仅被简单化地归咎于一种心理层面的原因。因而，马克思关于宗教信仰的社会生活根源的分析和批判更具有彻底的革命性质。正是通过彻底的宗教批判，马克思解除了信仰的神化之蔽，为立足于人的日常生活本身来理解和把握信仰提供了坚实的理论基石。

三 人在"非神圣形象"中的自我异化及其批判

在马克思哲学视野中，作为人的现实生活的重要内容的信仰生活的本性的彰显，不仅要依靠对信仰神化的"去魅"来实现，还需要通过对

---

① 《马克思恩格斯全集》第1卷，人民出版社，1956，第453页。

信仰物化的解蔽来达到。于是，"彼岸世界消逝以后，历史的任务就是确立此岸世界的真理。人的自我异化的神圣形象被揭穿以后，揭露具有非神圣形象的自我异化，就成了为历史服务的哲学的迫切任务"①。通过对物化的信仰——商品拜物教的批判，揭露人在"非神圣形象"中的自我异化，成为马克思关于人的现实的日常生活批判的另一个重要维度。将人的信仰精神于物化的境遇之中解放出来，真正实现信仰生活对于人的现实日常生活所具有的价值，是马克思展开商品拜物教批判的最为真实的意义。

（一）商品拜物教：物化的信仰对神圣价值的消解

在马克思看来，如果说基于自然经济存在境遇下的古代人不得不依靠传统的宗教信仰来获得精神慰藉和支撑，信仰发生神化的话，那么，以商品经济为依存状态的现代人则凭借对物的依赖而获得了个体的独立性，对物的过度追逐和享受则迫使现代人的信仰精神陷入了普遍物化的处境。古代人的生存处于绝对匮乏状况，于是便为宗教提供了栖息之地。然而在发达的现代商品经济条件下，人通过物来实现自身的独立性，对物的追求已然具有其合理之处，而且，这对于支撑人的独立性起到了极大的作用和意义。在对物的依赖之中，人类逐渐冲破了等级关系的沉重枷锁，从抽象的、虚幻的信仰观念追求中解脱出来，并尝试通过对物的占有的方式去获得自身的本质，以占有物的方式来占有自身。与此相适应，人的形象也从"神圣形象"的自我异化中摆脱出来，还原成了非神圣化的形象，从而成为真正世俗的、现实的人。人对物的追求和占有，无疑在很大程度上消解了原来的抽象的神圣化，但同时过分地追求和占有物，却使得人重新丧失了自己，沉溺于感性欲望之中，一种"感觉欲望的宗教"就此产生，"在商品世界里，人手的产物也是这样。

---

① 《马克思恩格斯选集》第1卷，人民出版社，2012，第2页。

我把这叫做拜物教"①。显而易见，商品拜物教这一概念始于马克思。从词源学的角度看，"拜物教"原意指人工的或者制造的，之后在人类学和宗教学的意义上使用，作为一种宗教术语，指对无生命的物体的信仰崇拜。在马克思这里，拜物教具有一种隐喻的作用，指商品经济社会中的独特现象。所谓商品拜物教，马克思并不是将它视为一种"与对神的崇拜的传统宗教形态相区别的另一种宗教形态，其实，把对商品的崇拜看成是一种'宗教'只不过是一种比喻的说法，其意在表明，对商品的崇拜也像宗教那样具有了绝对的性质，这种绝对的性质使它与宗教之间似乎具有了某些'家族相似'的性质"②。"商品拜物教"是马克思对现代社会中人的信仰精神极度物化现象的深刻揭示。

从根本上来说，商品拜物教是一种物化的信仰。区别于传统的宗教信仰，商品拜物教信仰的核心对象不再是"神"而转向"物"。然而，这种物"绝非简单地指自然之物，不是说人的物质性存在离不开生活资料的供给，而是有更为复杂和深刻的社会内涵。"③也就是说，在马克思看来，商品拜物教所拜之"物"不是一般意义上的具体的某种物品、物质，而是特指"充满形而上学的微妙和神学的怪诞"的商品、货币、资本等，是物的统称和象征，即鲍德里亚所揭示的具有符号、代码的象征性意义。在商品拜物教意识的全面侵蚀下，人不再相信自己，反而崇拜物，物一跃而成为至高无上的东西，变为人日常生活实践的唯一目的和追求。回溯历史，虽然在人类社会发展的长河中，人对于物崇拜的现象早已有之，不足为奇，但我们可以肯定地说，也只有步入商品经济社会中，在以商品效益成为生产和发展的最终目标时，拜物教才成为了人类所遭遇的普遍的社会现实。商品拜物教意味着人始

---

① 《马克思恩格斯文集》第5卷，人民出版社，2009，第90页。
② 王艳华：《马克思哲学视域中的信仰观变革及其当代价值》，东北师范大学出版社，2014，第89页。
③ 张有奎：《拜物教之"物"的分析》，《现代哲学》2015年第3期。

终以"物"作为自身价值观念和行为的唯一标准与尺度,"物"成为人存活的"精神支柱",为人们点燃着"希望之光"。在物化的信仰观念中,物不仅占据着人的生活世界的核心地位,为人提供着日常生活的各种所需,并且成为人们获取快乐、实现幸福的重要源泉。为了占有和享受更多物质财富,人们每日奔波忙碌,浑浑噩噩,焦躁不安。然而,"一旦物质的东西在一个人的生活中占据了最重要的价值位置时,他本人也就变成了其占有物的一部分。"①处于物化境遇中的人类精神完全让位于物欲,臣服于物,甘愿接受物的奴役和操控。最终,商品拜物教牢牢地锁住人的心灵,人的信仰精神被赋予了世俗化和外在化的形式,丧失了其本应具有的内在超越性意义而与感觉欲望同流合污,沆瀣一气,继而成为束缚和宰制人的坚不可摧的牢笼。

这种物化的信仰究其实质来说,仍未超出人的感觉欲望的范围,就此而言,它也不具有超越特质,因而我们认为商品拜物教并不具备信仰的真正性质。在我们看来,信仰之所以称之为信仰,之所以不同于其他超越活动的重要特质就在于其终极性,这种终极性既不能简单地理解为时间维度上的最后、最终,亦不能理解为功用层面上的最大或最高,信仰的终极性意指"无限"和"不可超越",它最终指向的是人的生存意义。然而,人的生活意义绝不等同于具体的物质欲望和需要的满足。究其根本,对于具体的感觉欲望和物质需求,人们完全可以通过一些较为具体的超越活动去不断满足和实现,基于此,可以说人的欲望和需求问题在一定程度上都是可以"解决"的,也是可以"超越"的,然而人始终难以"解决"和"超越"的则是生命存在的意义问题。就此而言,商品拜物教无法回答和解决人生意义这一根本性问题,它带给人的只有无穷无尽的物欲,为人制造出一场场的物质盛宴,"拜物教远不能把人提高到自身感觉欲望之上,相反地,它却是"感觉欲望

---

① 〔波〕维克多·奥辛廷斯基:《未来启示录——苏美思想家谈未来》,徐元译,上海译文出版社,1988,第146页。

的宗教"。被欲望燃烧起来的幻想使拜物教徒产生了一种错觉，似乎"没有感觉的东西"仅只为了满足拜物教徒的怪癖就可以改变自己的自然特性。因此，当偶像不再是拜物教徒的最忠心的奴仆时，拜物教徒的粗野欲望就会砸碎自己的偶像①。在此，马克思十分明确地指出了商品拜物教其实并不具备信仰的真实意义，因为信仰即便是采取宗教的形式，它对于人而言还是具有超越性质的，虽然是一种极端的、外在的超越方式，而商品拜物教却迫使人完全陷入粗鄙化的、世俗化的感觉和熊熊燃烧的欲望之火当中，丝毫没有自由精神和超越精神可言。

在物化的信仰之下，人的存在以及精神始终围绕着"物"而旋转，生活世界被形形色色的商品、物品所包围和裹挟，日常生活沦为了冷冰冰的物质王国。在生活中，人们皆以获得和占有更多的物质财富为出发点和归宿，人的全部现实生活就是物质生活，沉溺于感性欲望之中的人们日益丧失独立性和创造性，日常生活没有了崇高性和境界可言。马克思一针见血地指出了商品拜物教对日常生活所具有的神圣价值的消解，强调在商品拜物教面前，从来都没有不可让渡的东西，因为所有的东西都是可以通过商品交换、货币交换的方式来获取和实现，亦没有什么高尚的东西，因为所有存在都只是商品，都只有交换价值而已。总之，一切"素被尊崇的观念和见解都被消除了……一切神圣的东西都被亵渎了。"②在商品拜物教这种物化信仰的侵蚀之下，一切"神圣"的存在都被商品这一等价物逐步"消解"和"亵渎"了。就此而言，物化的信仰根本无法引领和指导人的信仰精神获得更高层次的提升与发展，从而步入更加崇高的境界，最终源源不断地为人之生存和生命注入意义与价值，使人的日常生活世界获得提升与发展。在此意义上，商品拜物教至多只能称之为一种"感觉欲望的宗教"。在这种"感觉欲望的宗教"

---

① 《马克思恩格斯全集》第1卷，人民出版社，1956，第113页。

② 《马克思恩格斯选集》第1卷，人民出版社，2012，第403页。

中，人又一次陷入迷茫和焦虑的状态，在摆脱了"神圣形象"的奴役和压迫之后，又重新陷入了"非神圣形象"宰制和操控之中。

（二）信仰的物化与人在"非神圣形象"中的自我异化

信仰的物化表明，物成为人的精神寓所和心灵归宿，物被视为是第一性的，而作为主体的人则沦为第二位，一切皆唯"物"独尊、唯"物"是从。在物化的信仰观念中，物不仅变为一种与人对抗起来的强大力量，而且物异化为目的，人则异化为手段。众所周知，作为一名历史唯物主义者，马克思对一般意义上的物化是肯定的。然而，马克思发觉在商品拜物教意识的支配下，生存性状的物化转变为物欲化及物役化，成为一种统治人和奴役人的物化逻辑，使"普遍的物化具有了全面的异化的性质"①。这样一来，物便成为实践活动的目的，人在对物的沉迷和追逐中迷失了自己，不再作为真正的价值主体，反而被贬低为生产和实现物的工具与手段，迫使一切人类社会领域都服务于物质财富的创造和攫取。这种目的和手段的本末倒置，使得人在日常生活中不再成为目的本身，反而成为物的无限增殖的手段，物的存在也不再是为了丰富和实现人的生活需要。这正如马克思所指明的："古代的观点和现代世界相比，就显得崇高得多，根据古代的观点，人，不管是处在怎样狭隘的民族的、宗教的、政治的规定上，总是表现为生产的目的，在现代世界，生产表现为人的目的，而财富则表现为生产的目的。"②最终，"物的世界"的增殖导致"人的世界"的不断贬值。

马克思认为，信仰的物化正是人在"非神圣形象"中的自我异化的现实表现。基于此，马克思对商品拜物教的本质进行了深刻的批判和揭示。马克思强调在商品拜物教中，对于商品的崇拜，"这只是人们自己的一定的社会

---

① 庞立生：《现代性图景与哲学的视界》，人民出版社，2017，第189页。
② 《马克思恩格斯文集》第8卷，人民出版社，2009，第137页。

关系，但它在人们面前采取了物与物的关系的虚幻形式。"①这是因为" 最初一看，商品好像是一种简单而平凡的东西。对商品的分析表明，它却是一种很古怪的东西，充满形而上学的微妙和神学的怪诞"②。那么，商品的神秘性究竟来源于什么呢？为什么劳动产品一采取商品的形式就具有了谜一般的性质呢？其根本原因就在于商品的价值形式。商品反映的本身是彼此交换劳动产品的劳动者之间的关系，但是这种关系在人们面前采取的却是物与物之间关系的虚幻形式。由此，物与物的关系遮蔽了人与人之间的真实关系，物品就变成了一种异己的力量与人相对立，这就类似于在宗教中的情形。在商品经济中，人是作为物的效用价值的角度被看待和重视的。这样，人的价值就被物化了，物成为衡量和评判人的最终标尺，而这种物化现象在思想观念上的反映就是拜物教。人的感觉、意识不过是现实情况在人头脑当中的反映和表达，而现实就是人的现实的日常生活过程。在商品拜物教现象中，人和自己的创造物的地位颠倒了，物不但不受人控制，反而成为一种对抗力量支配人。这正如宗教信仰，其神像原本是人亲自设计和塑造的，但人最终却荒谬地拜倒在它面前，完全服膺，祈求其施舍和救赎，赐予福祉。拜物教以"物的世界"遮蔽了人的生存本身，遮蔽了人的现实生活，拜物教作为人的本质的异化，使人丧失在了物欲的滚滚洪流之中。

在"以物的依赖性为基础的人的独立性"的现代社会发展阶段，人类信仰精神正处于马克思所深刻揭露的物化处境。生存物化的现实从根本上决定着人类信仰精神的发展状况。步入现代社会，随着生产力的提高和科技的进步，人们从事物质生产活动的范围和领地不断扩大，逐步摆脱对外部自然条件的直接依赖和对共同体的完全依附，在很大程度上获得和实现了个体的自由与独立性。但是，凭借对物的占有所挺立起的个人的独立性仍不是真正的

① 《马克思恩格斯全集》第23卷，人民出版社，1972，第89页。
② 《马克思恩格斯文集》第5卷，人民出版社，2009，第88页。

独立性，日益进步的物质生活为满足和丰富人的精神需求创造了条件，但对物质的过分追逐和占有又导致人类生存陷入了物化困境，人始终无法实现真正的自由。在现实生活中，人把自身的本质异化给了人之外的物，"物"构成了人之生存的内在逻辑和准则，成为人们日常生活的出发点和终极追求。由此，人不再被当作人来看待和理解，而是被视为只有交换价值的物，甚至人与人之间的日常关系也沦为一种物与物的狭隘关系，人的生存完全物化了。这里的物化本质是异化。物化不仅主宰和操纵着人的现实物质生活世界，而且全面侵入人的精神世界之中。在物化的生活处境下，"物质力量成为有智慧的生命，而人的生命则化为愚钝的物质力量"①，一切神圣的东西都遭到亵渎，人的信仰精神也被裹挟，陷入了物化的窠臼，最终难以幸免。在物化的状态中，人索取的越多越是欲壑难填。结果往往是这样的，物欲愈发增强，而精神日渐消沉和萎靡；生活节奏越是变快，生活本身反而更加缺乏意义；外在的生活极度丰裕，内在的生活则日益荒芜。人失去了精神的内在超越性，丧失了自我本质，人的生命由"不堪承受之重"走向"不堪承受之轻"，最终变得焦虑、空虚而陷入无家可归的境遇。这也正是现时代"越是物质条件优越的社会，精神上的不稳定和不满足程度反而越大"②的重要原因。质言之，信仰的物化就是人在"非神圣形象"中的自我异化，是人类生存异化的现实表征和折射。

四　日常生活异化的资本逻辑批判

日常生活为何会发生异化？马克思认为，日常生活之所以异化，其实质根源在于资本逻辑的宰制，是资本主义的强大统治和操控从根本上造成人的

---

① 《马克思恩格斯文集》第2卷，人民出版社，2009，第580页。
② 〔日〕池田大作、〔意〕奥锐里欧·贝恰：《二十一世纪的警钟》，卞立强译，中国国际广播出版社，1988，第146页。

日常生活世界的严重异化。在资本逻辑的主导和支配下，人的劳动实践变成非人化的存在，变成不再属于劳动者本人的异化劳动。劳动活动的异化最终导致人自身的关系、人与人的关系以及人与自然之间关系的全面异化，从而引发了日常生活世界的总体性异化。

（一）资本逻辑宰制造成异化劳动

在马克思看来，人的生存根本上是由人之为人的劳动决定的，异化劳动造成了人类生存处境的异化。劳动作为人类特有的活动，是人的生存方式，是人之为人的本质所在。凭借着劳动，人具有了思维和意识，形成了丰富的社会关系，创造出一个真正的"属人世界"，不断实现并占有自己的本质力量，从而生成为人。一句话，劳动创造了人，人是劳动着的人。然而，一旦当劳动发生异化，那么人的生存本质也必然异化，人被抛入了异化的境地。所谓异化劳动，马克思在《1844年经济学哲学手稿》中明确指出，是指人的劳动变为与人相对立的、异己的独立力量，不依赖于人而存在。异化劳动不但不是对实践主体的本质及其过程的积极肯定，"而是反过来成了压抑、束缚、报复和否定主体的本质力量，不利于人类的生存和发展的一种异己性力量，它不但不是'为我'的，而是'反我'的。"[①] 也就是说，人依存于劳动，劳动本应是确证和实现人自身发展的对象性活动，人通过实践活动的强大力量去实现对日常生活世界的改造和提升，劳动是"属人"的和"为人"的，劳动的历史发展过程体现着人的内在本质的丰富和提升。但异化劳动却使人的实践活动变成与人的存在对立的东西，反过来统治人、压抑人。在异化劳动中，"劳动者生产的财富越多，他的产品的力量和数量越大，他就越贫穷。劳动者创造的商品越多，他就越是变成廉价的商品"[②]，他自己越是创

---

① 李桂花：《科技的人化——对人与科技关系的哲学反思》，吉林人民出版社，2004，第121页。

② 马克思：《1844年经济学哲学手稿》，人民出版社，2000，第51页。

造价值，他自身就越是失去价值。异化劳动导致人的实践活动的现实化表现为非现实化，对象化表现为对象的丧失和为对象所奴役，占有表现为异化、外化。在异化劳动状态下，人们从事的物质生产活动不是自愿的，而是被强制的，人的生活最终异化为一种动物般的低级生存，愈发痛苦和无聊。

那么，劳动为何会发生异化呢？在马克思看来，劳动之所以异化，其实质根源在于资本逻辑的宰制，资本主义的强大统治造成人的实践活动的严重异化。对此，马克思就资本逻辑展开了深刻的批判和考察。资本的本性就是增殖，它在追逐利润最大化过程中必然呈现出一定的规律，即资本逻辑，无限增殖是资本逻辑运行的出发点和终极目标。马克思强调："资本的实质并不在于积累起来的劳动是替活劳动充当进行新生产的手段。它的实质在于活劳动是替积累起来的劳动充当保存并增加其交换价值的手段。"[1] 在《1857–1858年经济学哲学手稿》中，马克思进一步揭示了资本是通过占有他人的劳动而使自身价值得以增殖的。在此之后，于《资本论》这部经典之作中，马克思对资本逻辑展开了持续批判，马克思明确指出："但资本不是物，而是一定的、社会的、属于一定历史社会形态的生产关系，后者体现在一个物上，并赋予这个物以独特的社会性质。资本不是物质的和生产出来的生产资料的总和。资本是已经转化为资本的生产资料"[2]。马克思系统地论述了资本运作的过程，而资本逻辑其实就是资本运行过程的表征，在这一过程中，不仅生产出大量的商品，更是生产和创造出巨大的剩余价值。换而言之，"资本逻辑最大的秘密在于，劳动力成为商品。"[3] 在资本主义条件下，资本一跃而成为操纵和主导人们全部生活的终极的"绝对存在"和"绝对价值"，资本逻辑获得了统治和支配一切存在的权力和力量，最终实现了对社会生产过程的全面掌握和控制。在以增殖为原则的资本逻辑的催逼和驱使下，整个社

---

[1] 《马克思恩格斯选集》第1卷，人民出版社，1995，第346页。

[2] 《马克思恩格斯全集》第46卷，人民出版社，2003，第922页。

[3] 张有奎：《资本逻辑与虚无主义》，中国社会科学出版社，2017，第104页。

会的生产都遵循和服从于资本获取利润最大化的目标，卷入这一生产过程中的一切东西都仅仅作为资本而存在。

在资本逻辑主导的资本主义社会，资本增殖成为实践活动的目的，人被贬为资本增殖的手段，成了"劳动的动物"。"劳动的动物"之称谓的寓意在于，人的目的性活动的工具化。在资本逻辑的驱使之下，人的劳动不再是为人的存在，劳动成了一种非人化的东西，工人的劳动以及劳动成果被资本家所窃取。这样，工人与自身的劳动活动的关系变成外在的、抽象的关系。也就是说，工人不是为了创造和占有自身本质而甘愿付出劳动的劳动者，反而被迫成为劳动的动物。在日常劳动中，他不是享受自己作为人的存在状态，而是始终有一种被压抑和奴役的感觉，这种仅仅作为维持生计的工具性活动，是人们做梦都想逃避和摆脱的灾难性活动。这如同马克思所揭示的那样，"劳动的异己性完全表现在：只要肉体的强制或其他强制一停止，人们就会像逃避瘟疫那样逃避劳动。外在的劳动，人在其中使自己外化的劳动，是一种自我牺牲、自我折磨的劳动。最后，对工人来说，劳动的外在性表现在：这种劳动不是他自己的，而是别人的；劳动不属于他；他在劳动中也不属于他自己，而是属于别人。"① 这即是说，工人本是为生活而劳动的，在这里工人参与劳动却牺牲了自己的生活，劳动不再是生活的一部分。最终，在资本逻辑的操控下，"物格代替人格进行盲目运动的机制的总和"②，工人和自身的劳动皆沦落为资本的奴隶和附属物，甚至连同人内心的情感、生命的尊严等等这些弥足珍贵的东西全都沦为可供资本算计的对象和商品。也正是如此，华勒斯坦说："资本主义历史发展的冲动是把万物商品化"③，整个社会机

---

① 《马克思恩格斯文集》第1卷，人民出版社，2009，第159～160页。
② 张军、刘李：《历史唯物主义生产逻辑对资本逻辑批判的四个向度》，《思想政治教育研究》2018年第6期。
③ 〔美〕伊曼努尔·华勒斯坦：《历史资本主义》，路爱国等译，社会科学文献出版社，1999，第3页。

制不过是一架为人类贪婪欲望服务的大型机器而已。至此，人的价值等同于交换价值，人的存在以及劳动完全物化了。就此而言，我们可以说"资本的逻辑就是物化和世俗化的逻辑"①，而物化逻辑是资本逻辑在现时代的具体表现和形象表达。

（二）异化劳动导致日常生活的全面异化

在马克思看来，劳动的异化导致人与自身的关系、人与人的关系以及人与自然之间关系的全面异化，从而引发了日常生活的总体性异化。马克思认为，人的本质是类存在物，"一个种的整体特性、种的类特性就在于生命活动的性质，而自由的有意识的活动恰恰就是人的类特性"②，这里的自由自觉的活动指的就是人的日常劳动实践。劳动原本是人的本质的基础，人在劳动中不断生成和发展自身的"类本质"，占有和实现真正属人的"类生活"。然而，在异化劳动的条件下，人丧失了自由自觉的特质，进而造成人的本质与人自身异化，使"类同人相异化"。也就是说，人首先是作为类存在物，才能是有意识的存在物，由此他的活动也才成为自由的活动。然而"异化劳动把这种关系颠倒过来，以致人正因为是有意识的存在物，才把自己的生命活动，自己的本质变成仅仅维持自己生存的手段"③。在异化劳动中，人的活动丧失了自觉性、自由性而被贬低为手段，人的日常生活变成了维持动物般生存的工具。"异化劳动从人那里夺去了他的生产的对象，也就从人那里夺去了他的类生活。"④在异化的劳动中，人的生活本身不是目的，人并非为了生活而劳作，却常常为了存活而挣扎，一切好的、属人的东西皆降格为人的最低生活保障条件和手段。这样一来，劳动不再是出于人们的自愿心理，而是

---

① 庞立生：《现代性图景与哲学的视界》，人民出版社，2017，第188.
② 《马克思恩格斯文集》第1卷，人民出版社，2009，第162页。
③ 《马克思恩格斯文集》第1卷，人民出版社，2009，第162页。
④ 《马克思恩格斯文集》第1卷，人民出版社，2009，第163页。

一种带有强制性的受虐行为。人们在日常的劳动活动中并不是肯定和实现自己，而是完全否定自己，不是感到幸福和快乐，而是感觉万般的不幸和痛苦，不是充分地享受和施展自身的才能，而是招致肉体上的无尽折磨，同时也使得精神备受打击。因此，就得到这样的结果："工人只有在劳动之外才感到自在，而在劳动中则感到不自在，他在不劳动时觉得舒畅，而在劳动时就觉得不舒畅。"①至此，异化劳动迫使人的日常生活犹如动物般生存，人的类本质彻底异化了。

异化劳动不仅使作为日常生活主体的人本身发生异化，也造成作为人的日常生活内容之一的人与人的关系的严重异化。人与人之间的日常交往构成了日常生活的重要维度，日常生活世界正是在人与人的社会关系之中不断发展和丰富。通过劳动实践活动，人与人之间的这种日常交往关系才得以产生和形成。在马克思那里，身处现实的日常生活世界中的人是一种"社会存在物"，社会属性是人的本质属性。"只有在社会中，自然界才是人自己的合乎人性的存在"②。在社会化的实践活动中，通过个体间生命本质的相互交流，人才成为真实的、有生命的个人，从而使得人的本质得以确证，人的个性得到发展，人与人之间构成一种和谐共融的日常生活关系。基于此，我们可以说日常生活在本质上是社会化生活。但是，当构成人与人关系的基础——劳动发生异化的时候，人与人的日常生活关系也便异化了，即每个人都与他人处于疏远、对立的状态之中。异化劳动使得人与人的社会关系被物与物的关系所取代，表现出一种纯粹的利益关系，只有交换价值、利用价值，而没有人格价值可言，这在以商品经济为主导的现代社会体现得淋漓尽致。在现代人的日常交往中，人们不再将他人视为自己的对象性存在，充分肯定并尊重他人的自由和个性，以此为前提去与他人进行交往，不是以人的目光反而以

---

① 《马克思恩格斯文集》第1卷，人民出版社，2009，第159页。
② 《马克思恩格斯文集》第1卷，人民出版社，2009，第187页。

审视"物"的方式去看待和理解他人，每个人在他人的眼中都如同一件商品，甚至男女之间最纯洁的爱情也沦为一场"交易"，人们的择偶标准往往注重和考虑对方有多少资产，拥有几套房子、工资收入多少等物质层面的东西，而很少去谈论情爱、理解这些感情方面的东西，人与人之间最起码的尊重、平等、信任已经荡然无存，剩下的只有绞尽脑汁的谋划和算计。在这种异化劳动的束缚和压制下，人最终遗忘自身的存在以及生命本有的尊严与价值，人与人的关系陷入尖锐的对立和冲突之中。这种异化的日常交往关系压制着人，使人的生活世界走向了普遍的异化。

人与自然的关系也构成了日常生活的重要内容。然而在异化劳动的条件下，人与自然之间的关系也出现了疏离和对立。马克思认为，在人的日常生活实践中，人与自然生成一种和谐发展、生生不息的美好画面。正是在具有能动性和创造性特质的日常劳动中，人凭借对自然物质世界的认识和改造，使自身本质得以形成和确证的同时，也使自然界生成和发展为人的现实存在，成为"人化的自然"，不断地使自在世界变成人的"生存世界"，成为对人来说更有意义的"属人世界""生活世界"，人与自然之间形成了对象性的存在关系，相互依存，融合共生。但在异化劳动的处境之下，自然和人一样皆为资本所用，顺从和服务于资本，成为资本增殖过程中的要素和资源，是否有用则从根本上决定着人们对待自然的态度和行为。如马克思在《1844年经济学哲学手稿》中所言，矿物在商人的眼中从来都没有美学层面的意义，有的仅仅是一种巨大的商业上的使用价值。对于人而言，自然丧失了其丰富的感性维度和本真的存在，人们对自然所具有的内在价值视而不见，仅仅将自然当作尽情奴役、任意宰制的对象和满足自身贪婪欲望的工具。最终，人类对大自然的肆意掠夺和无情"改造"不可避免地冲破了自然环境本身的可承载范围，生态系统的平衡遭到了前所未有的破坏。在这种异化劳动的条件之下，人与自然的关系逐渐失去合理性，二者之间的矛盾和冲突不断加剧，最终引发生态危机问题的爆发，当代的生态危机问题就是人与自然关系异化的直接后果和表现。事实上，在现实的劳动活动中，人与人的日常交往关系和人与自然的关系互为作用、彼此影响。人与自然关系的发展状态，在其现实意义上是人与人之间生活关系的真实写照和反映，基于异化劳动基础上的人与人关系的对立和紧张必然会引发人与自然关系的异化。因为人如何理解和看待自己，也就如何理解和看待自然。正因为如此，我们才强调当代人与自然关系问题的解决需要在人与人的社会关系的根本解决之中得以化解。

总而言之，在日常生活实践中，人与自身的关系、人与人的关系，以及人与自然之间的关系构成了日常生活内容的重要维度，人类正是在这三重内在关系的共荣共生、和谐发展之中才产生和形成现实的日常生活，描绘和展开日常生活世界的图景。但引人深思的是，在现时代，资本逻辑主导和操控下的异化劳动迫使人的生存状态异化，使异化侵入日常生活的角角落落，最终造成人类的日常生活坠入全面异化的深渊。

第四章　现代西方哲学对马克思日常生活批判思想的拓展

　　马克思关于日常生活的批判理论说立意深远、意义重大，并在现代西方社会理论中激起了一系列的思想效应和回响。

　　马克思对日常生活问题强烈的现实性批判深刻地影响了西方现代学者的理论思路和立场。一些现代西方哲学家立足于现代资本主义社会全面异化的历史现实，从马克思关于日常生活异化的基本观点出发，从人道主义维度、社会批判理论维度以及消费社会批判维度对人的日常生活世界进行了深入批判，并提出了诸多解决方案。总的来说，现代西方哲学关于日常生活异化的反思和批判洞察到了时代的病症，在一定程度上揭示出现代人日常生活的贫乏状况，不仅继承了马克思对资本主义社会的批判精神和立场，而且在一定程度上拓宽了马克思关于日常生活批判的问题域，丰富和扩展了日常生活思想的研究视野和内容，无疑具有十分重要的理论价值。但囿于缺乏劳动实践和社会历史向度，现代西方哲学对日常生活问题的探索止步于意识形态领域，未能揭示出异化的制度根源，因而其解决路径不可避免地带有严重的乌托邦色彩，这不可避免地暴露出其理论的内在局限。

　　从总体上来看，当代人类的日常生活依然处于马克思所揭示的真实处境，由于异化所导致的虚无依然是现时代无法摆脱的问题和病症。我们认为，当代日常生活的构建依然需要回到马克思。马克思的日常生活批判思想对于当代日常生活的批判与构建依然具有不容忽视的思想价值与现实意义。对于当代日常生活的构建，马克思历史唯物主义的思想启示在于：一是树立辩证的日常生活态度，在物质生活与精神生活之间葆有必要的张力，在二者的协调发展中促进日常生活的健全发展；二是以"人化逻辑"超越"物化逻辑"，实现日常生活的"人性化"；三是依靠自由自觉的劳动推进日常生活方式的合理化，在社会历史实践的总体性发展中实现人的日常生活的提升；四是以共产主义信仰精神引领日常生活走向自由与解放，使其实现自由的、个性化的发展。

一 现代西方哲学拓展的主要维度

马克思日常生活批判思想对于现代西方哲学产生了十分重要的影响。基于现代资本主义社会全面异化的现实历史背景，一些现代西方哲学家分别从人道主义、社会批判理论以及消费社会批判视野出发，对马克思的日常生活批判思想作出了一定的扩展与丰富，形成和表达了他们关于日常生活问题的诸多思考与见解。

（一）人道主义批判维度

对于马克思的日常生活批判思想，卢卡奇从人道主义批判维度进行了理解与阐释。作为西方马克思主义的奠基者，卢卡奇对人的日常生活表现出深深的关怀。卢卡奇以马克思的思想为指南，强调马克思日常生活批判思想体现出鲜明的人道主义追求，继承马克思关于日常生活异化的思想，由此展开对日常生活世界的深入研究，从而开创了现代西方哲学史上日常生活批判思想的先河。在卢卡奇看来，在当代资本主义的发展下，日常生活确实已如马克思所指出的那样，陷入了一种全面物化的状态，物化现象蔓延和扩张至日常生活的角角落落，不仅侵入社会经济领域，甚至侵蚀人的观念、意识深层，正如他在《历史与阶级意识》中所深刻揭示的："物化结构越来越深入地、注定地、决定性地侵入人的意识里"①，结果造成人们不仅仅十分认同物化，并且将物化结构提升至客观规律的界面加以遵循。所谓物化，是卢卡奇对资本主义社会中异化状况的界定和概括。卢卡奇认为，在物化的日常生活中，人与人的自觉性关系表现为一种自发性的"物与物之间的社会关系"，"拜物化"现象的奴役使得人的主体性和创造性尽失，变得毫无生活斗志和革命精神。卢卡奇把这种由物化形式表现出来的自发性的社会关系称为"自在的合类性"，而在这种关系之下产生的日常生活的物化就是日常生活的"自在的合类性"。卢卡奇进一步指出，唯有实现日常生活"自在的合类性"向"自为的合类性"的转换和提升，人才能抵制和超脱物化的束缚，进而实现自由和发展。基于此，卢卡奇提出对日常生活进行批判，并从人道主义的角度寻求解决方案，以超越日常生活对人性的束缚和压制。对于日常生活的物化问题，卢卡奇最终寄托于艺术革命，主张走向艺术和审美的解放之路。因为在卢卡奇看来，艺术具有"反拜物化"的功能和使命，真正的艺术和审美不仅是对日常生活核心的揭示，而且是对它的"拜物化"倾向的反思和克服。在《关于社会存在的本体论》中，卢卡奇指出艺术的出现和发展旨在塑造人的自我意识，真正的艺术即启发人们自觉地改造现实的艺术，艺术作品折射和反映着一定的现实生活内容，赋予现实生活以深厚的意义感，使现实生活不断提升为一个自觉的过程，"是超越混沌生活状态、对生活'审判'的过程，是征服现存事物的证明"②，永远基于人道主义视角去批判和引导被扭曲了的本真生活。通过艺术的"陶冶"方式，主体的心灵和意识得以震撼和洗礼，存在状态由"自在的合类性"转变为"自为的合类性"，最终从片面的、异化的人变为"完整的人"，走向全面的解放和自由。

① Georg Lukacs, *History and Class Consciousness*（London：Merlin Press，1971），p.99.
② 刘同舫：《马克思的解放哲学》，中山大学出版社，2015，第182页。

受卢卡奇的影响，他的学生阿格妮丝·赫勒也对马克思日常生活批判思想进行了人道主义向度的扩充。赫勒首先十分重视和肯定日常生活的基础地位和作用，接着又强调日常生活是"自在的类本质对象化"，具有异质的显著特征，诚如马克思所揭示的那样，是异化的活动领域，处于异化日常生活之中的人们无法发挥和施展自身的潜能与智慧，因而需要对日常生活加以批判或者变革。日常生活批判或者革命的任务在赫勒看来，不在于一般地抛弃迄今为止的日常生活结构和一般图式，而在于使之人道化和民主化，即扬弃日常生活的自在化和异化性质。赫勒的日常生活理论贯穿于她一生不变的价值追求，这就是人如何才能人道的生存。在著作《日常生活》中，赫勒极其清楚地表达了其关于日常生活批判的宗旨："日常生活如何能在人道的、民主的和社会主义的方向上得以改变是本书的实际争端。本书提供的答案表达了这样的信念，社会变革无法仅仅在宏观尺度上得以实现，进而，人的态度上的改变无论好坏都是所有变革的内在组成部分。"[1]在赫勒看来，日常生活人道化的实质在于"个体的个性"的生成，赫勒创造性地提出了"个体的个性"这一术语，旨在呼吁和倡导日常生活主体由"自在存在"转变为"自为存在"。也就是说，让日常生活的主体同类本质之间形成一种自觉的联系，依靠改变主体的方式来改造人的日常生活，使得日常生活逐渐摆脱自在性质和异己性质，进而推动个体的再生产从"自在存在"提升至"自为存在"，成为真正的为人的存在，最终个人克服了自发状态不断转向自为的、自由自觉的状态。这就要求把科学、艺术和哲学等引入日常生活，科学对于日常生活具有渗透的作用，艺术鉴赏对于日常生活具有潜移默化的影响，哲学对于人的日常生活态度的改变和提升显示出独特的意义，这些都是赫勒尤为重视和强调的，其认为这些自为的对象具有超越性维度，它们"提供了不同于实

---

① Agnes Heller, *Everyday Life* (London and New York: Routledge and Kegan Paul, 1984), p.x.

然状态的应然状态，能够解除人对实然世界的盲目崇拜，带有对现存世界的一种批判情怀"①，能够向日常生活中的人传达类本质价值与情感，最后达到个人与类本质之间建立一种自觉关系的目的，使人超越自在的、异化的日常存在状态，成为自由的、创造性的、个性化的个体，从而摆脱异化的生存遭遇，生成和建构一种丰富的、更具人性化的日常生活。在赫勒那里，个性的个体绝非极致和完善，而是一种变化和发展的现实历史过程，这一过程是和作为异化特性的日常生活主体不断斗争的过程，因而也是推进和实现日常生活人道化与民主化的漫长过程。

总的来看，对于日常生活的批判和考察，卢卡奇和赫勒从马克思关于日常生活异化的基本判断和方向出发，深入地探讨和研究了人的日常生活状况，分析和揭示日常生活所体现出的严重异化的性质。虽然，他们对于日常生活的理解和批判存在一定的差异性，卢卡奇以总体性的观点强调日常生活的自为性本质取代自在性本质以实现统一；而赫勒则基于现代人生存方式的悖论性主张通过日常生活的自在状态向自为状态的跃迁和提升来调和矛盾，并由此提出了各自的解决方案。但是从整体上来看，二者的理论又具有内在的契合之处，从根本上来说，卢卡奇和赫勒关于日常生活的批判皆是一种人道主义的批判，都是试图通过对人性由自发状态向自为状态的唤醒和提升，旨在实现对日常生活的人道化改造。

（二）社会批判理论维度

以霍克海默、阿多诺、马尔库塞和哈贝马斯为代表的法兰克福学派，从社会批判理论层面对马克思日常生活批判思想作出了进一步拓展。法兰克福学派遵循马克思对日常生活异化批判的思想立场，形成了较为系统的社会批判理论，展开了对资本主义技术理性、大众文化领域的反思和批判，直指人

---

① 杜红艳：《卢卡奇与赫勒日常生活批判理论的契合与分野》，学术交流，2018年第7期。

的日常生存，认为现代工业社会不再是"健全的社会"，反而异化为一个"病态的社会"，揭露了现代工业社会中人的日常生活世界的不健全与异化处境。

作为法兰克福学派批判理论的创始人，霍克海默和阿多诺对人的生存十分关注。在二人合写的《启蒙辩证法》一书中，他们较为详尽地论述了科技理性对人的日常生活世界控制和压抑的事实。霍克海默、阿多诺普遍认为，现代科技的进步并非如期待中的那样使人的日常生活获得自由和解放，"今天，技术上的合理性，就是统治上的合理性本身，它具有自身异化的社会的强制性质"①，现代科技已带有意识形态色彩，日愈成为统治人类存在的强大力量，不断地强化着工业社会对人的操控，使人的生活世界陷入了更为深刻的、全面的异化状况之中。在《批判理论》中的"科学及其危机札记"这篇文章中，霍克海默更是以论断的方式阐释了他对科学技术的批判，直接指出科学技术"为意识形态的东西"②，在对社会发展起积极作用的同时，却也掩盖了人的日常生活的真实本质，导致了个性的压抑和人性的丧失。对工业文明时代人的日常生活异化境遇作出深入考察和揭示的是马尔库塞，其思想主要集中于《单向度的人》这一经典著作中。在此著作之中，马尔库塞认为发达的工业社会造成了政治、经济、文化等生活领域方方面面的齐一化，致使人及其日常生活因缺乏深度与意义而变得粗鄙化、单向度化。在马尔库塞看来，造成这种后果的重要原因就是技术的高度发展，高度发达的科学技术是工业社会的重要特征，它极大丰富人类物质文明的同时，也给社会带来了严重的负面影响。用马尔库塞的一个著名公式来表达即"技术进步＝社会财富的增长＝奴役的扩展"③，科技的进步等于对人类奴役的扩张，异化为意识形态的现代科技带有奴役性，成了工具般的存在，已经变为一种新的社会控制

---

① 〔德〕马克斯·霍克海默、特奥多·阿多尔诺：《启蒙辩证法》，洪佩郁等译，重庆出版社，1990，第113页。

② 〔德〕马克斯·霍克海默：《批判理论》，李小兵等译，重庆出版社，1989，第5页。

③ Herbert Marcuse, *Counterrevolution and Revolt*（Boston: Beacon Press, 1972）, p.4.

形式，它消解着人的超越性、批判性、否定性维度，无情地剥夺着人的自由和尊严，不可避免地将人的生活推至异化的灾难当中。作为法兰克福学派的后继者，哈贝马斯在《作为"意识形态"的技术与科学》中也展开了对日常生活的激烈批判。哈贝马斯强调在现代飞速发展的工业社会中，"日常生活殖民化"的严重事实。所谓"日常生活殖民化"是哈贝马斯对日常生活现状的经典概括和描述，意指在技术理性的入侵和控制下，人的生活世界被商品化、资本化和体制化，最终导致日常生活日趋萎缩，意义和价值的丧失。哈贝马斯认为，现代科学技术不仅成为第一生产力，而且成为一种"意识形态"，具有异化性质和统治功能，是造成日常生活世界殖民化的罪魁祸首。

在法兰克福学派看来，除了技术理性之外，大众文化亦是造成现代日常生活异化的另一个重要原因。立足于大众文化批判视野，法兰克福学派深入阐释了日常生活是如何压抑人的自由和个性，一步步地走向片面性、虚假性。法兰克福学派认为，借助于技术理性的手段，大众文化不再广泛流传于大众并服务大众，反而成了被大量复制的、宣传和售卖文化商品的工业体系。也就是说，文化以工业化方式进行机械化、批量化复制，大众文化成为以"大众为消费对象，以标准化、技术化、产业化、商品化为标志，以齐一性、重复性、虚假性、欺骗性、操纵性、辩护性为特征的现代文化形态，本质上是一种'反文化'"[1]，起着维护和巩固现存社会统治的意识形态作用。在文化工业中，所有的艺术作品因丧失独一无二性皆表现出一个风格，即无风格。在文化工业操纵和支配下，人们日常生活中的流行音乐、电影故事、综艺节目，甚至喜剧等内容全部是按照固定的模式和要求设计出来的；各式各样的广告传媒也纷纷化身为文化工业产品的代言人。一句话，"整个世界都要通过文化工业的过滤"[2]，不仅使日常经验逐渐地标准化，而且想方设法

---

① 王凤才：《批判与重建——法兰克福学派文明论》，社会科学文献出版社，2004，第88页。
② 〔德〕马克斯·霍克海默、西奥多·阿道尔诺：《启蒙辩证法》，渠敬东等译，上海人民出版社，2003，第141页。

地去培养对这种千篇一律的东西的认同。这样一来，人和人的日常生活世界逐渐沦为一个单向度的存在，即没有任何否定、批判精神，只有一味地肯定和认同。随之个人真正的生活需要和独立的人格被瓦解，丰富的思想、情感、创造力和想象力也一同消逝了。人的内心世界日益萎缩，精神生活一度陷入崩溃和空虚的边缘。

如何摆脱日常生活的平庸与单调，实现人的自由、个性的解放？法兰克福学派进行了不懈探索，最终提出了一些解决策略。马尔库塞认为，现代人要想避免消极的日常生存状态，就必须确立"积极自由的生存状态"，充分发挥个性和自由潜能，发展和实现自己。为此，艺术之路不失为最好的选择。因为对于充满艺术才华、富有美学思维的马尔库塞而言，真正的艺术从深层上说，是人们认识和把握世界的重要方式，超越了烦琐、重复和片面的日常生活方式，代表了一种理想化、自由的、多样化的审美需求，展示出人的无限的创造性的生活本质。"人类，就其没有屈从于普遍的标准而言，他们可以自由地在艺术作品中实现自己。"[1]以自由原则和创造性原则为基础的艺术活动和艺术作品本质上是超越性的，即对现实生活的否定和批判，因而"艺术自由的本质一经与现实生活接触，就会形成一种对现实异化、物化、分裂世界的否定和超越。"[2]然与其不同，哈贝马斯则认为，要摆脱束缚，克服生活世界殖民化的危机，关键在于日常交往合理性的重建。这样，重建交往合理性，实现社会合理化就成为哈贝马斯关于日常生活的最终目标。在哈贝马斯指出，交往合理性在本质上不同于工具合理性，工具理性是被功利主义原则浸染了的理性，它把实现利益视作唯一标准，为了攫取利益，完全无视人的日常生活需求；而交往理性则以交往过程中的相互理解和协调为基本机制，重构共同体价值体系，最终达到调和个体自由与社会秩序之间的关

---

[1] 〔德〕霍克海默：《批判理论》，李小兵译，重庆出版社，1990，第259页。

[2] 马新颖：《异化与解放：西方马克思主义的现代性批判理论研究》，中央编译出版社，2014，第83页。

系，重新找回生活的价值与意义，因而以交往理性来平衡技术理性或工具理性，是社会合理化的标志，亦是实现日常生活合理性的真正基础。总之，哈贝马斯秉持交往理性的"解放"功能，强调唯有以交往理性取代和超越工具理性，才能让失去的价值和规范重回生活世界，进而消除社会危机，使人的日常生活冲破"殖民"的牢笼而获得新生和发展。

（三）消费社会批判维度

进入20世纪五六十年代，西方资本主义社会产生了新的变化，在传统的以生产为中心的生产方式中，消费环节异军突起，成为社会领域的核心。伴随资本主义社会向"消费社会"阶段的转向和发展，列斐伏尔、鲍德里亚等后现代主义哲学家立足于这一新变化，从消费社会批判视野出发对马克思日常生活批判思想进行延伸和丰富，开辟出了一条新的批判路径。

作为法国著名哲学思想大师，列斐伏尔将毕生精力集中于马克思主义理论的研究上，马克思日常生活批判思想自然也进入了他的研究视野之中。在其《日常生活批判》第一卷中，列斐伏尔就旗帜鲜明地指出："异化理论和'总体人'理论依然是日常生活批判背后的驱动力"[1]，他十分肯定马克思对于日常生活异化的现实处境的揭露，认为马克思所揭示的异化无处不在，异化甚至已经由劳动生产领域延伸至日常消费领域，充斥着人们日常生活中哪怕是最细微的角落。由此，列斐伏尔展开对消费社会的批判性分析和考察。在列斐伏尔看来，现代社会显然是一个被各种消费体系所操纵和主宰的社会，也即"消费受控制的科层社会"[2]，消费占据和支配着日常生活的核心地位。在《现代世界的日常生活》中，列斐伏尔揭示出消费

---

① Henri Lefebvre, *Everyday Life in the Modem World* (New Brunswick and London: Transaction Publishers, 1971), p.76.

② 刘怀玉：《现代性的平庸与神奇——列斐伏尔日常生活批判哲学的文本学解读》，北京师范大学出版社，2018，第285页。

已成为资本主义统治和操控人的日常生活的一种新的形式，资本主义通过与现代技术以及大众文化合谋，为人们提供虚假的生活需要，制造出更多"没有必要的消费"，主导和诱发人的日常消费心理和消费价值取向，使得消费成为日常生活的主角。身陷消费牢笼之中的人们不再关心自己日常生活的真实处境，反而沉溺于追逐贴有"流行时尚"符码和标签的消费物品，人们疯狂地追求物质，追赶时尚，却不断被同质性的符号化商品引导和塑造而趋于千篇一律、单调无奇。列斐伏尔认为在这种异化消费的无止境驱使下，现代社会变为冷冰冰的物的王国，人成了无主体意识和丧失革命精神的原子式存在，"日常生活已经不再是有着潜在主体性的丰富'主体'；它已经成为社会组织中一个'客体'"①，日常生活沦为资本主义实现统治和获取利润的对象和场所，被彻底商品化和"意义零度化"。人忘却了生活的性质和意义，甚至不再知晓生存的意义何在，最终逐渐失去了自我，成为异化生活下的行尸走肉。

列斐伏尔认为，日常生活的意义虽趋向零度化，但是这种异化的否定状态并非没有改善、挽救的余地，相反，日常生活本身仍蕴含和隐藏着救赎与解放的无限潜能，日常生活是解决现代问题和全面实现人类发展的策源地。基于此，列斐伏尔指出日常生活本身具有压抑和反抗这两重属性，我们需要充分发现和挖掘其中抵制、超越异化的创造力和潜在力量，可以通过美化与变革日常生活的途径和方式，将日常生活中的积极因素从异化状态拯救出来以实现革命的任务。具体来说，就是倡导和发扬传统文化节日的积极作用和影响。在列斐伏尔看来，节日是人类创造精神的觉醒，它的使命和功能是解放。因为节日以喧闹的、游戏的方式体现出人的创造性自由，表征着一种理想的生活，使人们在一定程度上摆脱了贫乏、无聊的日常状态，重新回归怡

---

① Henri Lefebvre, *Critique of Everyday Life volume I* (London and New York: Verso, 1991), pp.50–60.

然自得的生活状态。在各种狂欢的节日中，人们的全部热情、想象都获得了充分的释放与表达，人们的情感能够高度交融在一起，"仿佛为了新型的、纯粹的人类关系而再生"①，不会感到相互之间的疏远。就此而言，"节日狂欢打破了美好理想与乏味现实的界限，将两者融为一体，是对日常生活的一种解放和救赎。"②

与列斐伏尔一样，有"后现代主义批判大师"之称的思想家鲍德里亚亦沿着马克思对日常生活异化批判的思想基点和方向，对现代消费社会的异化进行了全面和系统的分析与阐释，揭露消费社会如何控制与操纵人的存在和生活。在《消费社会》一书中，鲍德里亚深刻地指出："今天，在我们的周围，存在着一种由不断增长的物、服务和物质财富所构成的惊人的消费和丰盛现象"③，消费掌控着日常生活的整体境况，日常生活片面化为消费生活。在鲍德里亚看来，在物质丰裕的消费社会中，人们生产和消费的不再是具体可见的实物，而是从物中抽象出来具有某种内涵和心理需求的符号代码，个体的性、休闲等日常生活皆被媒体和消费符号所统摄，符号成为日常生活的主宰力量。符号消费通过符号生产和设计过程赋予符号内涵以差异性和层级性，把人们的日常需求和生活意义寄托于对消费品符号所蕴含的社会地位和身份差异的不断认同和追求中，符号逻辑引导和操控着人的价值选择，这样一来，消费不再是满足个体内在的日常生活需求，而是为了满足符号需求，"消费的目的不是为了传统意义上实际生存需要的满足，而是为了被现代文化刺激起来的欲望的满足。换句话说，人们消费的不是商品和服务的使用价值，而是它们在一种文化中的符号象征价

---

① 刘怀玉：《现代性的平庸与神奇——列斐伏尔日常生活批判哲学的文本学解读》，北京师范大学出版社，2018，第210页。

② 刘同舫：《马克思的解放哲学》，中山大学出版社，2015，第210页。

③〔法〕让·鲍德里亚：《消费社会》，刘成富等译，南京大学出版社，2000，第1页。

值"①，虚假消费掩盖了真实消费，消费主体已不是真实的个人而沦为资本控制下的符号系统。这样一来，人的日常生活不断地被消费所设计、塑造，人仅仅"根据它们的节奏和不断更替的现实而生活着"②，人与自身及其他人的关系都变成消费的手段并被物化了。在无穷无尽的感性消费欲望的刺激和驱使之下，现代人的日常生存陷入了焦虑—刺激—满足，再焦虑—再刺激—再满足的恶性循环的方式中，个体仅仅通过消费来确证和实现自我超越和生活价值，结果却只能拥有直观的感觉的幸福，却难以享有深刻的幸福的感觉，最终生活风格尽失、生活意义荡然无存，不断滑向享乐主义和虚无主义的困境。

鲍德里亚进一步指出，正是凭借着符号的巨大作用，消费才具有了意识形态的性质和色彩，成为操纵和驾驭人的日常生活的有力手段和力量。因此，鲍德里亚认为在消费风靡的现代社会，要想实现人的日常生活的解放就不能通过传统的方式来进行，而必借助于象征交换的方式进行解码，从根本上摆脱符号编码的支配和操控。在《象征交换与死亡》这部著作中，鲍德里亚提出"象征交换"的概念，希冀通过象征交换超越符码交换原则。他认为，象征能够消解了真实与想象、灵魂与肉体的二元对立，能够抹去出生与死亡之间的严格界限，本质上是一种促使相互分离的状态达到和解的思维模式，因而这种交换不存在使用价值和交换价值，只有象征的意义，是真正属人的性质，因而超越了物、商品或者和符号的存在。这种象征交换过程从根本上否定了资本主义的内在规律，冲破了资本积累以及价值增殖的运行体系，也正因为如此，人们方能真正抵抗以交换价值为中心的符号消费，从而摆脱和走出异化生存的局面。在鲍德里亚看来，象征交换体现出一种与符码交换不同的方式，它能够从根本上消解符号逻辑，是人的日常生活获得自由

---

① 陈昕：《救赎与消费——当代中国日常生活中的消费主义》，江苏人民出版社，2003，第7页。

② 〔法〕让·鲍德里亚：《消费社会》，刘成富等译，南京大学出版社，2000，第2页。

和发展的基础。为此，鲍德里亚振聋发聩地喊出："恢复象征性……符号必须被焚烧！"①只有象征交换才能彻底终结符号消费社会的统治，建构一个个性化的理想的日常生活世界。

二　现代西方哲学之思想拓展的理论贡献

对于马克思日常生活批判思想，现代西方哲学基于不同理路作出的拓展究竟有哪些合理之处？同时又存在哪些缺陷和弊端？对此，我们需要加以深刻的反思，对现代西方哲学关于日常生活世界的批判进行再批判，在全面分析和批判的过程之中把握他们理论的深刻之处，并认识到其中的局限性，力求做到客观地、辩证地去理解和看待现代西方哲学的思想和观点。

在对马克思日常生活批判思想的理解上，现代西方哲学分别从人道主义维度、社会批判理论维度、消费社会批判维度所做出的尝试与努力，不仅继承了马克思对资本主义社会的批判精神和立场，而且在一定程度上拓宽了马克思关于日常生活异化根源批判的问题域，丰富和扩展了日常生活批判思想的研究视野和内容。

（一）继承了马克思对日常生活异化的资本主义的批判立场

马克思对资本主义条件下日常生活的异化进行了深刻的反思和批判。马克思对于日常生活问题的批判自始至终都聚焦于一个鲜明的主题，那就是把人类从异化的现实束缚之中解救出来，构建充满自由的、个性化的日常生活，从而实现人的生存困境的超越。基于此，马克思通过对自身所处的资本主义社会现实的洞察和分析，对工人阶级的生活状况的密切关注，发现资本

---

① Jean Baudrillard, *For a Critique of Political Economy of the Sign* (Louis Mo: Telos Press, 1981), p.163.

主义生产方式下劳动存在严重异化，这种异化劳动给人的生存带来了巨大灾难和痛苦，使得人的日常生活苦不堪言。站在历史发展的制高点上，马克思以历史唯物主义的理论视界对日常生活的异化处境展开了深入而彻底的批判，最终将批判的矛头对准资本主义制度及其生产方式，揭露出社会制度对于异化产生和形成的根源性作用。因此，马克思日常生活批判思想表现出对资本主义社会的强烈批判性，并始终以推翻资本主义统治、变革资本主义生产方式及其劳动实践作为终极价值取向。

马克思对日常生活问题强烈的现实性批判深刻地影响了一些现代西方学者的理论思路和立场，促使他们基于社会发展的现实状况去考察和关注资本主义社会的各种变化，且在对日常生活异化现实批判的前提之下去形成自己的理论体系，并提出新的解放理路。与马克思一样，现代西方哲学家普遍认为日常生活已经陷入异化的状态，并对资本主义社会中的异化现象展开了种种批判和反思。在现代西方哲学看来，资本主义社会的异化表现在方方面面，一切被推崇的幸福和美好也不过是幻象而已。卢卡奇就明确指出异化现象不仅散布于日常生活的各个角落，而且渗透到人的观念和意识当中，一切存在都被异化之网所笼罩；法兰克福学派认为在资本主义的统治之下，科技、文化都异化为与人相对抗的存在，对人的日常生活进行了强力的控制和压榨；后现代主义认为资本主义条件下的生活消费也发生了颠覆性的变化，成为引诱和催生人的无尽物欲，将日常生活推向虚无主义的片面消费和畸形消费。可以看出，现代西方哲学对日常生活的异化现象进行了多方式、多角度的省察和批判，无论是对科学技术、大众文化还是日常消费的批判，其实都共同地指向对资本主义的批判，都试图对资本主义社会作出批判和揭露。且在某种程度上来说，他们关于资本主义社会的批判视野是十分宽广的、丰富的。可以说，一些现代西方哲学不仅承继了马克思对日常生活状况的资本主义的批判立场和精神，而且这种立场和精神贯穿于他们理论体系的始终。

（二）拓宽了马克思关于日常生活批判的问题域

马克思对日常生活问题根源的揭示和分析主要集中于生产劳动领域，以人的劳动活动为切入点去剖析人的生存及其生活世界的异化境遇。在马克思哲学视野中，劳动是人之为人的根本，人及其生活世界无不是在日常的生产劳动中生成和发展的，人的劳动方式从根本上决定了人的生活方式和存在状态。由此出发，马克思深入劳动领域去揭示生存异化的秘密，指出异化劳动对人的日常生活的支配和操控，因而异化劳动也成为研究马克思日常生活批判思想的重要领域。除此之外，马克思着重于对日常劳动的分析，深入批判异化劳动，这与马克思所处的时代条件等现实原因分不开。但是，这并不等于说马克思对日常生活异化病症的诊断和剖析就只是在生产劳动领域之内进行，事实上马克思对于资本主义社会中的科技异化、消费异化、文化观念等意识形态层面也都指认和关涉到，而且对这些虚假的意识形态做出了从社会实践向度的深层揭露和批判。

随着现代科技和生产力的极大发展、人类生存方式的改变，人的日常生活环境发生了重大的变化，与马克思所处的注重生产劳动环节的传统生活方式相区别，商品文化、时尚消费等成为现代人生活的主流和发展趋势。在此现实背景下，现代西方哲学对日常生活异化根源的批判出现了转向，开始在马克思所注重的生产实践领域之外去积极地寻求造成异化的原因，试图解释和说明人的日常生活中异化现象的一些新发展和新变化。在现代西方哲学家们看来，异化早已不单纯是马克思所身处的传统社会中以阶级压迫和劳动压榨为特征的异化，而是由技术理性、商业文化、奢靡消费等虚假意识形态造成和引发的人类生存方式的全面异化。基于此，现代西方哲学沿着马克思对日常生活异化问题分析的基本路线和思想方向，立足于社会历史条件的新变化，对马克思所着重分析和批判的日常生活异化的根源问题做出了进一步的拓展。比如，法兰克福学派尝试从科技理性和大众文化的维度去阐释人的日常生活世界的单调和平庸化；后现代主义学者致力于从日常消费入手去挖掘和阐明现代消费社会中人的存在以及日常生活创造性和个性的丧失。由此可见，与马克思强调劳动的基础性根源相比，现代西方哲学更加关心日常文化、日常消费等日常生活实践的一些具体形态及其关系结构，也更注重结合当代实践的新特点来把握日常生活状况，以此展开对日常生活异化根源的批判。就此而言，现代西方哲学家将马克思关于日常生活批判的问题域从宏观层面拓宽至微观领域，他们对日常生活问题的根源揭示更为具体和细微，从一系列新的切入点出发对人的日常生活世界加以审视和研究，并由此提出诸多克服异化的思路和方案。这种对日常生活异化根源批判的问题域的转换促成了马克思日常生活批判思想内容的丰富和视角的多元化。可以肯定的是，这种多元化的补充和扩展体现在一些西方现代哲学家的日常生活批判思想的形成与发展过程中，他们在一定程度上拓宽和开放了马克思关于日常生活问题的批判传统。

三 现代西方哲学之思想拓展的内在局限

现代西方哲学家对日常生活异化的反思和批判不仅深刻洞察到了时代的问题和病症，在一定程度上揭示了现代人日常生活的贫乏状况，在一定程度上扩宽了我们关于生活价值的理解，深化了关于生命意义的把握，表现出对人类命运的深切关注。然而囿于缺乏劳动实践和社会历史向度，他们对日常生活异化问题的探讨始终未能揭示出异化的实质和深层根源，因而解决方案缺乏现实的具体性和可操作性，最终不可避免地带有浓厚的乌托邦色彩。

（一）日常生活异化根源的揭示未深入制度层面

在马克思对日常生活异化的批判的引导之下，现代西方哲学家纷纷关注和聚焦日常生活世界，他们从人道主义、社会批判乃至消费社会批判等各种维度展开对现代性视域下人类日常生活的深刻反思，在一定程度上拓展和丰富了人们关于日常生活世界的认知和理解，激发了对生命价值的重新思考，这对于现时代人解决异化问题，摆脱当前的日常生活困境无疑具有重要的启发性意义。卢卡奇、法兰克福学派等西方马克思主义身处一个发达的资本主义社会阶段，在这样的社会中技术理性的异化急剧增强，社会文化也沦为了异质的商品文化。西方马克思主义开始从马克思所强调的劳动实践领域转向社会文化和意识形态层面，来展开对日常生活异化的原因的考察和揭露。譬如，他们对于意识形态、技术理性、大众文化的指认，普遍地认为现代人在意识形态的支配和宰制之下丧失了自由和个性，日常生活进而陷入了片面的、畸形的发展状态。虽然法兰克福学派在一定程度上揭示出西方发达资本主义社会生活的弊端和不合理性，但总体而言他们将科学技术、大众文化等视为造成意识形态统治的根本原因，甚至赋予科技、文化以"原罪"性质，这样的做法实质上是以对意识形态的批判掩盖和取代了对社会政治制度的批判，因而他们对日常生活异化根源的分析和探讨仍然局限于资本主义制度的范围之内，没能从根本上触及资本主义制度，从而深入到现实社会的本质当中去揭露资本主义对人们的生存以及日常生活进行统治的残酷事实。

伴随着西方马克思主义的日渐式微，后现代主义同时汲取了马克思和西方马克思主义日常生活批判理论的有益部分，试图在对资本主义的多维批判中开辟一条新的批判路向。在对现代人日常生活困境的反思层面，后现代主义者主要从日常生活的娱乐性和商业化角度批判日常生活的异化问题，探寻日常生活异化的缘由所在。以列斐伏尔、鲍德里亚等为代表的后现代主义者认为，正是这种典型的娱乐化的消费社会改变了传统的思维方式和生活方式，因而日常精神需求的消费和娱乐领域变成了当代新型物化的重灾区。由此一来，他们也就自然而然地将造成异化的矛头对准日常消费领域，从消费领域入手去考究日常生活不断异化的原因。在后现代主义者看来，以符号化价值理念和价值体系为表征的现代消费，迫使日常生活的意义建构被虚拟的符号体系所取代和吞噬，人及其日常生活世界仅仅沦为符码消费的奴隶和附庸。总而言之，在他们那里，资本主义社会中严重异化的消费和娱乐方式是招致日常生活灾难的元凶。然而，正是由于他们对消费、娱乐等日常生活交往领域这一原因的过度重视和追究，最终导致其轻视甚至忽略了异化劳动及资本逻辑对于日常生活异化状况的根本性影响。

事实上，无论是西方马克思主义抑或是后现代主义，他们对于日常生活异化处境根源的分析和揭示至多是一种文化层面、哲学层面的分析和揭示，他们企图通过对异化现象本身的反思和省察来找寻异化的根源，以期挽救人类所面临的生存危机，试图为人类焦虑已久的精神注入一丝坚定与希望，但也仅仅是进行了意识范围之内的探索和努力，并没有真正地揭示出日常生活异化的制度根源。在此意义上，现代西方哲学可以看作一场文化解放运动或者思想解放运动。

在马克思历史唯物主义的视野内，日常生活问题并不是被作为一个纯粹的形而上学问题加以看待和理解的，日常生活问题绝不是人类头脑中的简单的观念性问题。对于日常生活的异化问题，马克思认为仅仅从意识形态层面进行考察是不彻底的，应深入其所根植的现代资本主义制度及生活实践领域。也就是说，马克思对日常生活异化的批判本质上是对资本主义制度的批判，日常生活批判是资本主义批判的题中应有之义。日常生活也不仅仅是一个独立自主的内在意识领域，而是从属于人的存在的总体性社会状况。对日常生活的现代性批判虽可以从不同维度展开，但由于其种种批判皆未能深入到实践批判、社会制度批判层面，因而终究无法在真正意义上理解和把握人的日常生活问题。

（二）日常生活解放之路具有浓厚的乌托邦色彩

在如何摆脱现代人日常生活困境可行性路径的反思上，现代西方学者虽然也通过文化批判、哲学批判的方式去尽可能地触及现实的人及人的现实生活，体现出不懈的探索与努力，最终思考出了一些富有见解性的解放方案，为人的日常生活找寻到了暂时性的方向，在一定程度上为人的存在灌注了一丝希望，缓解了人们焦虑不安、空虚寂寞的生存状态。但总的来说，他们往往止步于异化的表象，妄想从文化、哲学等意识层面去克服和超越日常生活的异化，导致其理论难免具有内在局限性。他们没有对社会制度提出根本性变革，这也就注定了他们所主张的解放之道缺乏现实性和可行性，显得十分空洞而无力，体现出一种浓厚的乌托邦的色彩。

具体来说，法兰克福学派试图通过艺术与审美的方式来拯救丧失否定精神和批判维度的单向度人，从而唤醒人的主体意识、自觉意识，让人们在对丰富的、自由的生活向往和追求中摆脱片面的、压抑的日常生活。毋庸置疑，法兰克福学派将艺术、审美与日常生活的解放关联起来，把艺术与审美看作人的日常生活发展的重要组成部分，具有理论上的合理之处和深刻性。充满想象力和创造力的艺术、审美对现实生活的反思和审视的确具有一定的积极意义，让人远离和超脱世俗世界，蕴含着日常生活解放的生机和力量。但问题的关键在于，法兰克福学派过分强调和推崇艺术的革命的潜能，过度信奉和依赖于艺术与审美的作用，这显然是不恰当的。艺术与审美也仅仅归属于精神领域，它的作用主要局限在意识范围之内，丝毫未触及资本主义的经济基础和政治统治，因而他们对于日常生活解放的路向不可能改变现实社会关系，只能是一种乌托邦式的空想。

列斐伏尔、鲍德里亚等后现代主义思想家深刻地洞察到消费对人类日常生活的核心地位的占据和主导，并揭示出消费社会对人之生存的强力控制和操纵。基于此，列斐伏尔主张通过总体性的文化革命来塑造和形成一种个性化的日常生活风格，从而将日常生活从单调化、平庸化的沉沦状态中解救出来，实现日常生活世界的改变。鲍德里亚提倡人们向原始象征交换的回归，超越符号价值和异化消费，在人们对自由及个性的自觉与追求中重新找回并拾起现代工业文明社会里失落已久的生活意义。事实上，现代科学技术支撑之下的消费主义的确已成为现代人无法逃避的真实时代背景，后现代主义思想家力求通过解决消费问题来拯救日常生活危机，这一点是值得肯定的。然而他们妄想以文化的、原始交换的方式瓦解坚固的现代消费体系对人的桎梏，这种缺乏对社会现实根基触动的做法显然只能沦为一种空洞的呐喊。

由此可见，现代西方哲学所主张的解决之道的共同点都是将日常生活的异化根源归结为意识形态层面并希冀唤醒主体的自我意识，并将主体自由意识的回归寄望于对资本主义社会的文化、消费等层面的改良，这使得其解决方案皆缺乏现实性的根基，因此带有明显的乌托邦倾向和空想成分。基于此，他们关于现代人日常生活困境的克服路径就不可避免地充满了悲观主义色彩，要么走向了艺术审美要么导向了个体虚无主义。质言之，现代西方哲学未将日常生活处境批判的矛头真正指向现实社会的制度体制，没能从社会制度根本性变革的角度提出彻底的社会性解决方案，没能真正深入到制度和实践层面，进而从社会实践和历史发展的角度来深入理解现代日常生活的所面临和遭遇的困境。究其根本，他们未能自觉到日常生活的秘密"不在人们的精神、意识自身之内，而在于人的总体的存在状况和现实的生活过程之中。"[1]马克思历史唯物主义强调的人的存在方式、人的生活世界的总体性改变，只能在人类历史发展的实践活动中去改变和创造不断超越异化的社会条件。然而现代西方哲学对于日常生活问题解决路径的探索仅仅限定在主体内在意识的领域，没能从人的整体性存在境遇出发来思考，这注定了受困于日常生活异化境遇之下的独立个体及其精神始终无法获得自由和解放。

---

① 庞立生：《现代性图景与哲学的视界》，人民出版社，2017，第193页。

　　总而言之，对于马克思日常生活批判思想的延伸和拓展，现代西方哲学囿于社会历史条件等种种原因，虽难以避免理论的局限和缺陷，但也体现出一定的合理之处，可以说是建树颇丰，功大于过，因而我们应辩证地、客观地去加以审视和理解，吸收和借鉴其中的有益部分，从而为当代人走出异化困境，构建和实现富有自由个性的日常生活提供指导和启迪。

第五章　历史唯物主义对日常生活异化的超越及其当代价值

历史唯物主义对日常生活异化的批判的落脚点，是对日常生活异化的彻底扬弃与超越。历史唯物主义对日常生活异化处境的超越首先体现在理解和审视日常生活异化的辩证态度，马克思更是深刻地揭示出克服异化的现实路径，最终指明了日常生活发展的理想方向。

在马克思看来，日常生活并不是人之外的空灵存在，而是坐落于人的总体性生存状况之中，并与人的生存方式和发展状况具有内在的一致性。从人类生存发展的历史形态高度和层面上来考察日常生活的现代处境，马克思将日常生活异化处境在理论态度上视为"暂时性"与"过渡性"的历史阶段。马克思认为，要超越日常生活的异化处境，必须从根本上扬弃资本逻辑，摆脱和克服资本逻辑的控制，实现人的社会关系的全面解放；超越异化劳动，在合理的劳动实践中促进日常生活方式的变革；依靠革命性的实践，于现实的共产主义运动中实现具有"自由个性"特质的日常生活理想。

通过对日常生活异化问题的历史唯物主义剖析与批判，马克思为我们从根本上指明了未来日常生活的理想方向，即自然主义与人道主义统一的日常生活信念；现实性与理想性统一的日常生活境界，以及自由个性的日常生活的实现与人性的不断提升和完善。历史唯物主义所敞开和昭示的日常生活的理想图景，不仅是马克思对日常生活异化的超越，更是对日常生活发展方向的基本思考和指引。时至今日，历史唯物主义对我们从根本上理解和审视当下日常生活的处境，进而追求和实现自由个性的日常生活依然具有极其珍贵的思想价值。

一 异化与异化扬弃的辩证法：马克思对日常生活异化的辩证态度

马克思哲学认为，日常生活并非人之外的抽象存在，而是始终与人的生存和发展内在关联，日常生活的发展与人的总体性生存方式和发展状况具有根本的一致性。总体而言，异化构成了全球资本主义时代人的总体性存在状况，现时代人的日常生活也置身于这种总体性异化状况中，并且有着这种总体性异化状况的内在规定性。那么，在理论态度上，历史唯物主义是如何看待和对待日常生活的异化处境呢？

（一）日常生活状况与人类生存方式的一致性

在马克思看来，日常生活的发展状况与人类生存方式具有内在的一致性，人的日常生活总是处于一定的人类生存的历史形态之中，人的生存方式的发展从根本上决定着日常生活发展的状况。按照马克思关于人的生存发展三大形态理论，人的日常生活的发展状况相应地划分为以"人的依赖关系"为生存方式的日常生活、"以物的依赖性为基础的人的独立性"为生存方式的日常生活、以"自由个性"为生存方式的日常生活。

以"人的依赖关系"为生存方式的日常生活是人的日常生活发展的第一个阶段，这主要指传统社会中神化的日常生活状况。马克思哲学认为，物质生产发展是人的生存方式形成和展开的现实条件，"个人怎样表现自己的生命，他们自己就是怎样。因此，他们是什么样的，这同他们的生产是一致的。"①在原初的自然经济社会条件下，生产力的发展整体而言处于较为低下的水平，人几乎毫无独立性可言，个体只能依赖于以自然血缘关系、地缘关系为桥梁形成的社会共同体，成为一定的狭隘人群的附属物，这种生存方式是由人的极其弱小的本质力量造成的。人的自然体力的有限性使得人根本无法与强大的外部自然环境相对抗。面对自然这一股巨大的异己力量，人只能结成群体，从而与之相抗衡，以求获得满足自身生存需要的物质基础和条件。否则，个人便无法生存。基于此，人的依赖关系最初也就体现为对一定的以区域性的血缘群体为主体的社会群体的依附关系。在此生存方式之下，个人仅仅拥有十分有限的社会生产能力和水平，因而只能在狭小的范围之内和孤立的领地上来开展日常的物质生产实践活动，依靠重复性的日常生活经验来面对周围的物质世界。与此相适应，人的日常生活也由此呈现出鲜明的依附性特点，人与人之间的日常交往空间和交流内容都非常狭窄，彼此处于一种狭隘的关系之中。总体而言，以"人的依赖关系"为生存方式的日常生活使得人的存在以及精神被极大地压抑和束缚着，身处这种依赖关系中的人是实现共同体需要的工具和手段，极为缺乏个体独立性，丧失了自由自觉的本性。因此，我们可以说，以"人的依赖关系"为主要生存方式的日常生活表达出一种自发的日常生活状态。

伴随社会生产力的提高和科技的发展，人类生存和发展进入了资本主义占统治地位的商品经济时代，日常生活的发展随之进入了第二个发展阶段，即以"以物的依赖性为基础的人的独立性"为生存方式的日常生活。在这一阶段，人的原始依赖性日渐被粉碎和瓦解，人由此获得了自身生存的独立性，但是，这种独立性的获得主要是建立在对物的依赖基础之上的。生产力的迅猛发展促使人逐步摆脱对自然界的直接依赖，成为自然的统治者和征服者，人类认识和改造自然的实践能力不断增强，人从自身与自然的狭隘关系之中

① 《马克思恩格斯选集》第1卷，人民出版社，2012，第147页。

解放出来。由此，人类物质生产活动和物质交往的范围得以日益扩大，人的生存和发展逐渐突破了以往建基于血缘和地缘之上的人身依附关系，依靠商品生产劳动挺立起个体的独立性。这样一来，不仅人们的生产方式发生变化，而且一切与之相适应的旧的、传统的日常生活方式也都改变了。在日常生活中，人不再依赖于某个狭隘的群体，个人获得了独立、平等和自由。在人们的日常交往方面，人与人的社会关系不仅打破了自然的血缘和地缘界限，而且日益突破民族之间的限制。普遍的社会物质变换、全面的关系、多方面的需要以及全面的能力，大大扩展了人们的日常生活空间，丰富了生活样式。然而，在此阶段的人类的独立和自由也只是建立在对物的依赖的基础上的独立和自由。在资本主义主导的商品经济社会，人对物的过度依赖导致日常生活世界的严重物化。对物质的一味追求、占有和享受，以至于"把宗教虔诚、骑士热忱、小市民伤感这些情感的神圣发作，淹没在利己主义打算的冰水之中"①，日常生活丧失了神圣性与意义性，沦为粗鄙的、世俗的"物的世界"。与此同时，现代科技理性主导着日常生活世界，不断被纳入工业化体系之中的人的日常生活逐渐失去了本有的自由和自在的特征，沉陷于物欲化和个体化的处境，变为一种毫无价值的物化生活。这显然表明，现代人的日常生活虽然以物的依赖的方式实现了自己的个体独立性，但日常生活的发展又是极为片面的，因而并未达到和生成真正的自由的个性。

以"自由个性"为生存方式的日常生活，主要表现为未来共产主义社会中的日常生活的发展状况。在扬弃和超越了资本逻辑的共产主义社会的生存条件下，显著发达的社会生产力、物质财富的极大丰富、生产资料公有制的方式超越了生产资料私有制的方式，劳动实践随之从异化中彻底解放出来，不再是压迫和控制人类生存的异己力量，真正成为丰富和提升人之本质的自由自觉的活动。在日常的劳动活动中，人们重新审视和理解人与自然的对象

---

① 《马克思恩格斯选集》第1卷，人民出版社，2012，第403页。

性关系，遵循自然生态规律，有效地调节和控制自身与自然之间的物质变换活动，使其不断趋于科学化，合理化，"靠消耗最小的力量，在最无愧于和最适合于他们的人类本性的条件下来进行这种物质变换"①。在连续持久的物质变换过程当中，人与自然实现了和谐发展。在共产主义社会中，人们共同占有劳动生产资料，生产由整个社会有计划地调节和控制，社会生产将直接满足全体社会成员的生活需要。由此一来，个体被迫固定在某一活动或者领域的窘境被打破了，每一个人皆可以结合自身的兴趣，从喜好出发去选择和参与各种自主性活动，均可在广泛的生产活动和普遍的社会交往中充分发展和发挥自己的才能和力量，最终生成并实现自由个性的发展。建立在自由个性的生存方式基础上的个人，能够充分肯定并尊重他人的个性和自由发展，并以此为前提与他人形成和谐、丰富的日常交往关系。由此一来，人的现实需求从对单一的物的沉浸中超脱出来，不断体现出自身的超越性和多样性，人的日常生活也随之从片面的独立性提升至全面的自由状态，从而实现了真正的自由和个性化的发展。

综上所述，马克思的历史唯物主义揭示了日常生活在人类生存方式的变迁中所敞开的真实的历史发展的内在逻辑。人类日常生活世界的发展从依附性到独立性再到自由个性，呈现出一种自我否定的辩证发展过程。值得注意的是，历史唯物主义对日常生活的历史发展性质的理解，并不是在一种抽象的意识哲学层面展开的，它对日常生活形态的历史性理解和建构，赋予人的生活以更加深刻的现实性和彻底的辩证观点，这使得历史唯物主义成为理解日常生活问题的独特视域和理论武器。

（二）日常生活异化处境的过渡性与暂时性

历史唯物主义将日常生活放置于人类生存与发展的总体过程之中进行考

---

① 《马克思恩格斯文集》第7卷，人民出版社，2009，第928～929页。

察和批判，日常生活问题便不再是抽象的永恒的社会现象，而成为一个"历史性的难题"。在马克思历史唯物主义看来，异化问题不过是社会实践发展的产物，是一个历史发展过程。因此，日常生活的异化不是超历史的永恒存在，而是在一定社会关系条件下形成的具有暂时性和过渡性的问题。日常生活异化问题的解决同样也需要一个漫长的过程，而身处现时代的人类恰好正在经历和遭遇着这样的一个过渡时期。

对于日常生活的异化，我们应将其看作社会关系的全面异化，正是不合理的现实社会关系造成各种异化问题的出现。实质上，异化这一颠倒了的社会关系内在地蕴含着一种自我否定、自我批判的力量，最终必然随着物质生活的自我发展而逐步消解。异化的社会关系并不具有永恒性，只是在特定历史阶段才产生和形成的，它自身的矛盾发展必将解开自身身上的"神秘面纱"。异化将随着人类存在的社会化发展而转向自己的对立面——人化，从而在克服和扬弃物化的基础上形成和实现立足于人本身的人化的社会关系。在现时代，以商品拜物教为典型的物化思维和物化意识盲目地肯定甚至维护物化逻辑的现实合理性，从而形成用歪曲现实关系的幻象来遮蔽自身存在的虚假性的做法。就此而言，从根本上来看，日常生活的异化是一个有关现实改造的社会问题。

在历史唯物主义的视野中，日常生活世界是由人的存在状态所决定的，是人类历史实践发展的结果和产物。因而，日常生活的异化也始终是人类社会实践发展的产物。从马克思的日常生活理论来看，这个压抑人、奴役人的神秘力量是人们感性活动的产物。劳动本是人类自我确证的一种自由自觉的活动，然而，在资本主义条件下，人们的感性活动蕴含着一种自我否定的机制，在异化现象的背后是资本主义生产方式。现代日常生活的物化状况与现代资本逻辑之间有着十分密切的关联，日常生活的物化可以说是当代资本主义危机的重要表现形式。马克思对资本主义的现代性批判中内蕴着对现代日常生活异化的扬弃，它把日常生活问题置于资本主义生产方式的内在局限性中去分析和说明。因此,在马克思那里,对异化的扬弃绝不是一个单纯的意识问题,而是一个复杂的实践问题,社会实践的历史发展已然包含了人类意识和观念层面的觉醒和提升,这也是从根本上扬弃异化的必经之路。基于此,马克思肯定了资本主义生产方式的历史合理性,强调其为扬弃日常生活的异化提供了充足的物质基础和前提。就此而言,马克思深刻地指出:"自我异化的扬弃同自我异化走的是同一条道路"①,日常生活的异化与扬弃这种异化之间始终充满了辩证性关系。从人类发展的历史阶段的暂时性上看,日常生活的异化是具有一定必要性和合理性的,它是人类生活自我发展和自我实现的具体展开过程。可以说,日常生活的异化在一定程度上体现了人类生活的能动性,是人类日常生活形态自我发展和自我建构的重要表达方式。

总而言之,人的日常生活的发展将与人类生存方式的发展一样,必将经历一个由依赖性到独立性最终走向自由个性的历史过程。从人的生存与发展形态来看,马克思将人类社会的发展划分为三大形态,认为其内在地蕴含了人类发展的自我超越性和历史逻辑,日常生活的异化处境也只是历史形态发展的暂时性阶段产物,它在很大程度上表明了"当代文明尚处于一种过渡状态,具有相当大的不成熟性"。②在未来人类生存与发展的高级阶段,日常生活将会实现物质生活与精神生活的统一,二者之间发展不平衡的现象将会从根本上发生改变。建立在物质生活基础之上的信仰精神也必将从充满感性物欲的外部世俗世界中摆脱出来,不断使精神自身的内在超越意识得以彰显,从而使生活敞开内在的丰富性和普遍的自由性,最终使人实现内在超越的、富有意义的生活。在未来的共产主义社会,每一个人的自由发展将成为一切人自由发展的条件,因而每一个人与所有人的生活和自由发展发生内在关联性,这使得整个人类日常生活的片面性发展转向全

---

① 《马克思恩格斯文集》第1卷,人民出版社,2009,第182页。
② 邹诗鹏:《现时代精神生活的物化处境及其批判》,《中国社会科学》2007年第5期。

面性发展。但仍需要强调的是，在现阶段条件下，现代日常生活的异化是不可避免的。对于现代人来说，我们亟须做的也是唯一能做的就是努力通过社会变革、文化建设等各种途径彻底改变和扬弃滋生异化的总体历史条件和生活环境，从而尽可能地将日常生活异化所引发的各种危害降至最低。与此同时，未来人类的日常生活世界也将更加丰富和多彩，并为每一个人全面自由发展及实现个体生命价值提供着重要的支撑力量。到了那个时候，不仅人的物质生活更加丰富，个人的兴趣爱好和理想信念等精神生活内容也得到了合理的发展，并不断提升和完善，人们也将通过相互对话、彼此理解的方式一起描绘和谐的生活图景，创造着美好的生活，最终建构成人类共有的家园。由此可见，面对现代人日常生活的困境，马克思历史唯物主义明显表现出与西方现代哲学不同的理论视野和立场，马克思不仅彻底地分析和批判了日常生活异化的现实状况，同时也满怀信心地指明了人类克服日常生活异化的未来共产主义方向。

二　超越日常生活异化的现实路径

对于日常生活的异化问题，马克思不只做出了系统的历史唯物主义的考察与批判，更指出了解决的现实性路径。马克思认为，要超越日常生活的异化处境，应克服和扬弃资本逻辑，使人的日常劳动和社会关系获得全面解放与发展，从而让人的日常生活方式不断提升和改善，而这些则依靠于革命性的实践活动，在现实的共产主义运动的实践中，人的日常生活问题才得以根本的、彻底的解决。

（一）扬弃资本逻辑，实现社会关系的解放

马克思认为，要解决日常生活的异化问题，必须扬弃资本逻辑，摆脱和超越资本逻辑的控制，实现人的社会关系的全面解放。因为在马克思看来，

是资本逻辑从根本上造成人的劳动实践活动的异化,进而引发日常生活的异化,因而马克思认为资本逻辑始终是造成日常生活世界受统治和压迫的罪魁祸首。资本逻辑在根本上源于资本主义生产方式,资本主义私有制是其制度基础和载体,"正是在资本主义私有制这一实体形态的主导和支撑下,资本逻辑取得了统治和支配一切的巨大权力和力量"。①在资本主义条件下,资本逻辑的强力规制迫使人的社会关系沦为片面的物的关系,成为对人来说是外在的、无关的东西,且被固化了,人的关系不再受个人支配,成为与其自身相对的社会力量,最终造成"个人受抽象统治"的局面,日常生活随之走向了异化。就此而言,要消除日常生活的异化,应扬弃资本逻辑。而扬弃资本逻辑也就是扬弃资本主义私有制,彻底变革资本主义制度,变革其生产方式,"推翻使人成为被侮辱、被奴役、被遗弃和被蔑视的东西的一切关系"②,消除一切不合理的生活关系,将人的独立性和个性从资本的逻辑体系之中解救出来,让人的世界和全部关系成为人自己的存在,使人真正实现对自身生活关系的全面占有,从而在健全的、丰富的社会关系中不断获得自由个性的发展,最终真正成为日常生活的主宰者。

资本逻辑自身固有的内在矛盾决定了对其扬弃的历史必然性。在马克思看来,资本逻辑主宰的现代社会"不过是历史的必然性,不过是从一定的历史出发点或基础出发的生产力发展的必然性,但决不是生产的一种绝对的必然性,倒是一种暂时的必然性,而这一过程的结果和目的(内在的)是扬弃这个基础本身以及扬弃过程的这种形式"。③也就是说,资本逻辑不是一种凝固不变的存在,它是资本主义社会发展的阶段性产物,是历史逻辑演进的特殊形式和表达。不可否认,资本逻辑的运行极大地提升了生产力水平,为人类社会的进步和发展创造了十分丰裕的物质财富积累。但与此同时,资本逻

---

① 白刚:《资本逻辑的三种形态》,《武汉大学学报》(人文科学版)2016年第3期。

② 《马克思恩格斯文集》第1卷,人民出版社,2009,第11页。

③ 《马克思恩格斯文集》第8卷,人民出版社,2009,第208页。

辑也引发了一系列生存危机，将人类的存在及其生活抛入充满虚无的窘境之中。马克思认为，资本主义内在地包含着无法避免的矛盾，即"生产社会化与生产资料资本主义私人所有制"之间的矛盾，这一根本矛盾决定了资本主义必然暴露其历史局限性，资本逻辑终将被克服和扬弃。在资本主义的发展过程中，一方面，资本的本性是追求自我增殖，实现社会生产和剩余价值的最大化，这体现了资本的"无限"性。另一方面，资本压制着工人自身的生存与发展，迫使工人丧失生活资料和生活能力，支付和消费商品的力量十分有限，这是资本的"有限"性。资本的有限性深深制约着资本的无限性，使资本无限贪婪的本性和欲望得以限制，这种有限与无限之间的矛盾构成了资本逻辑自身难以解决的矛盾，这是资本逻辑运行和发展的一种必然性，也是资本逻辑发展的内在局限性。因此可以说，资本逻辑是一种无限扩张而又自我限制的逻辑，既是自身的成就者，也是"掘墓人"，在自我实现的同时亦伴随着自我毁灭、自行瓦解。

对资本逻辑的扬弃不是一蹴而就，而是一个历史过程。对资本逻辑的扬弃不是完全否定和抛弃，而是意味着对其进行批判式的理解和把握。对于资本的本性及其发展，我们应予以历史性的理解和把握，辩证地看待资本逻辑，克服并超越资本逻辑，从而促进和实现人的社会关系的解放与发展。在马克思那里，"扬弃"并不是一味地否定、抛弃，而是一种"否定之否定"，即是对事物的一种辩证理解与把握。因而扬弃资本逻辑就不是一味地消灭资本，而是一分为二，客观分析资本逻辑对人类社会生活所产生的正面作用和负面影响，在接受资本逻辑带来的人类文明成果的同时，深刻揭露资本逻辑给人的生活造成的种种异化问题，在批判与反思中审视资本、驾驭资本，把人的日常生活关系从资本逻辑的宰制和压榨下完全解放出来，自觉步入生活逻辑之路。扬弃资本逻辑，打破奴役和压制人的社会关系，应确立"现实的人"的实践、生产、生活之主体地位，不仅从人与自然的关系的物质生产实践中，而且从人与人的社会关系之中，把人从一切异化的、压迫性的日常生活状态之中提升出来，创造一种真正有利于人类发展的社会制度和社会关系，为人的全面发展和信仰精神的自由创造更加和谐的社会关系，从而更好地引领和塑造人们的现实生活。总而言之，唯有扬弃资本逻辑，将一直统治着历史的客观的异己的社会关系转变为人自身的"固有力量"，使之成为确证和发展人之本质的存在，才能使人从"狭隘的利己主义"的个人生成为"有个性的"和"社会化的"个人，人的日常生活也才能真正地由建立在对物的依赖性基础上的"自由个性"，走向在每个人占有自己的社会关系基础上的"自由个性"。

（二）超越异化劳动，促进日常生活方式的变革

马克思强调，资本逻辑宰制下的人类劳动实践的异化造成人与自身的关系、人与人的关系以及人与自然之间关系的全面异化，从而引发了人的存在及其日常生活的全面异化。因此，日常生活问题的解决仍须回到人的劳动实践层面上来谈。要实现日常生活的解放，必须彻底扬弃异化劳动，扬弃和超越异化劳动是解决日常生活异化问题的现实路径。在马克思那里，日常生活的异化问题关乎人之生存与发展，始终是一个现实历史问题，而绝非单纯的思想层面的理论问题，它只能通过社会实践的方式从根本上对现实生活进行改造来解决。倘若想要消解异化困境带给人们的观念、信仰层面的危机感，那么我们具有解决异化问题的意识就足够了。然而，要想真正解决和走出这一社会现实困境，马克思认为必须付诸现实的行动。也就是说，日常生活的异化必须借助于现实的力量，依靠社会历史实践来化解，实践活动是人们摆脱异化状态的根本路径。通过人类实践活动的进步与提升，不断促进和实现日常生活方式的改变和发展，进而促使日常生活问题得以彻底解决。在此意义上，我们认为马克思所要实现的对日常生活异化处境的克服与超越，就绝不是单纯地在观念中去超越，而是对处于危机之中的现代资本逻辑主导的社会现实状况的超越，是对异化的社会关系在理论与实践上的双重超越和建构，最终真正实现日常生活的内在超越与自由。基于实践视野去审视和解决

日常生活异化问题，是马克思历史唯物主义的独特方式和立场，亦是马克思哲学区别并超越西方现当代哲学的一个重要方面，西方现当代哲学试图从观念层面解决异化，注定其具有无法克服的理论局限性。扬弃异化劳动，解放人的劳动实践活动，生成合理的日常生活方式成为人们摆脱当前日常生活境遇的现实之路。

马克思认为，要扬弃异化劳动，即扬弃使人成为被奴役、被压制对象的不合理劳动，实现劳动的真正的属人本性。按照马克思的说法，我们要消灭的是劳动的不合理性质，即劳动的强制性、外在性、异化性，而并非劳动本身。这就要求消除旧式社会分工，改变片面的劳动方式，从而解放人的劳动活动。因为，异化劳动说到底仍是旧式分工的结果和产物，资本主义私有制条件下的旧式分工造成人的劳动的强制性和压迫性，使得劳动与人的生活相对抗。在马克思看来，作为社会历史发展的产物，分工本身是没有问题的，分工甚至促进了劳动效率的大大提升，扩大了社会财富的积累，对于推动社会的不断进步和发展有重要的作用和意义。然而，马克思认为旧式分工给人的生存和发展带来了灾难，使人们生活愈加困苦和窘迫。在《德意志意识形态》中，马克思认为旧式分工，也就是强制性的固定化的分工是造成异化劳动的根本原因。他明确地区分了自愿的分工和被迫的分工，指出："只要分工还不是处于自愿……那么人本身的活动对人来说就成为一种异己的、同他对立的力量，这种力量压迫着人，而不是人驾驭着这种力量。"①一旦分工被迫固定下来，便成为一种不受人控制，反而统治人的外在的强制力量。在这种强制性的分工之下，个人的喜好、兴趣皆被鄙弃和忽视，人的日常劳动实践丝毫没有了乐趣和活力，成了让人身陷苦海的压迫性的劳动，最终日益走向片面化、抽象化。就此而言，对异化劳动的扬弃需要彻底消除旧式的社会分工，把人的劳动活动从旧式分工的桎梏中解救出来，从而克服和超越不合

---

① 《马克思恩格斯文集》第1卷，人民出版社，2009，第537页。

理的劳动，使劳动不断实现向人性的复归，真正成为促进人们日常生活世界丰富与发展的自由自觉的活动。

在马克思看来，扬弃了异化性质的劳动不再是压制和束缚人性的枷锁，成了属人的对象性活动，是人的本质力量的自我表现和自我确证。在日常的劳动实践中，人们将改变不合理的态度和做法，从生活本身出发，以合乎人性的方式去改造并融合大自然，去与他人进行交往，以更加全面的方式实现对自身生命和生活过程的拥有。由此，人的劳动，体现出一种自觉性和自由性。与异化劳动的强制性和压迫性相比，这种劳动是完全出于人们的自愿性、喜好性，人们摆脱了奴隶般的状态，从单一的、固定化的劳动分工中脱身，基于自我爱好和各自擅长去从事和参与日常工作，在自由的分工与合作之中体味劳动之美、劳动之乐，享受和感悟生活的幸福与快乐。这样一来，劳动不再是一件单调、枯燥的事情，而是使人的身心、个性得到充分解放和满足，成为人的生命的积极表现，彰显着人的自我肯定、自我创造和自我享受，成了人的幸福的生活方式。如马克思所强调的那样，劳动是人的自由的生命体现，因此便成了人们日常生活的乐趣所在。这种劳动是自由的、自觉的，因而是人的生活的第一需要。在自由自觉的劳动之中，人的日常生活方式从单向度、片面化的状态中摆脱出来，实现了自由、个性化的方式。在日常生活中，人们不仅关心自身的物质生活需求，亦愈加重视和寻求个体精神层面的需要和发展，除了必要的物质生产劳动以外，娱乐、旅游等多元化的休闲方式日益成为可能，人的日常生活不断展现出个性化和多样化的趋势。最终，日常生活不再是人们谋生的手段和领地，而成为获取和实现生命价值与意义的历史过程，承载着人的精神追求，是人的真正的精神家园。

（三）共产主义运动：克服日常生活异化的根本路径

通过上述分析，我们知道日常生活异化问题的解决有赖于对资本逻辑的扬弃所带来的人类社会关系的全面发展，以及在劳动得以解放的情况下日常生活方式的改善与提升，而这些在马克思看来，归根结底必须依靠革命性的实践，即现实的共产主义运动。在《1844年经济学哲学手稿》中，马克思就曾旗帜鲜明地指出：共产主义"是历史之谜的解答，而且知道自己就是这种解答"①。值得注意的是，在马克思之前的圣西门、傅立叶等思想家也提出了未来社会主义对于人的社会生活发展的重大意义，但令人感到惋惜的是，他们所主张的社会主义是一种脱离现实，不从实际出发，而仅仅从主观设想出发形成的理论，因此，这种理想只能是一种空想，并不具有任何现实性。也正因为如此，他们才被称为"空想社会主义"学家，未能为人类的解放找到现实的出路。对此，马克思在《德意志意识形态》中做出了清楚的说明。他强调"共产主义对我们来说不是应当确立的状况，不是现实应当与之相适应的理想。我们所称为共产主义的是那种消灭现存状况的现实的运动"②。很显然，马克思的这段论述是具有针对性的，马克思特别强调了自己所主张的共产主义不是以往那种从应然出发的纯粹主观设定的理想，不是现实应当与之相适应的理想，而是从现实出发的现实的运动，把自己的理论与空想社会主义的理论严格区别开来。在这里，马克思特别强调了自己理论的现实性。共产主义是建立在现实的基础之上，并对现实展开批判的、消灭现存状况的现实的运动。

那么，共产主义何以能真正实现人的日常生活的解放？根本原因在于共产主义运动对资本主义制度及其生产方式的彻底摧毁，使人的生存获得全面的解放与发展。诚如马克思所强调的："共产主义是对私有财产即人的自我异化的积极的扬弃，因而是通过人并且为了人而对人的本质的真正占有；因此，它是人向自身、也就是向社会的即合乎人性的人的复归"③。

---

① 《马克思恩格斯全集》第3卷，人民出版社，2002，第297页。

② 《马克思恩格斯文集》第1卷，人民出版社，2009，第539页。

③ 《马克思恩格斯文集》第1卷，人民出版社，2009，第185页。

也就是说，在共产主义运动所指向的共产主义社会中，人将占有和实现自身的本质，从而获得真正的解放与发展。在《共产党宣言》中，马克思以大量篇幅为人类描绘出未来共产主义社会的理想宏图，前瞻性地提出人的解放与发展的基本思路和方法论原则。这些基本原则不单是共产主义社会超越资本主义社会的根本所在，也构成人的解放与发展得以实现的前提条件和现实路径。马克思认为，共产主义作为生产力极其发达、物质财富极为丰厚的社会，彻底推翻了一切陈旧的生产关系和社会关系，根除了资本主义私有制和旧式分工，社会调节和控制着全部生产，"所有这些生产部门由整个社会来经营，就是说，为了共同的利益、按照共同的计划、在社会全体成员的参加下来经营"。[①] 至此，人与社会、人与人之间的利益便内在地统一了起来，"代替那存在着阶级和阶级对立的资产阶级旧社会的，将是这样一个联合体，在那里，每个人的自由发展是一切人的自由发展的条件"。[②] 这样一来，个人便不再被迫地固定在单一的、特定的活动范围内，皆可依据自身的需要和兴趣在社会的任何领域内进行发展，既可以从事体力劳动，也可以进行一定的脑力劳动；既可以在本国获取就业机会，也可以去其他国家寻求施展才能的机遇，同时还可以通过受教育的方式促进自身在德智体美等各方面的和谐发展，进而逐渐摆脱旧式分工给个人及其日常生活所造成的片面发展和畸形发展。总而言之，在建立于共产主义原则基础之上的社会生活中，所有人将自觉地、竭尽所能地为社会创造出更好、更多的劳动产品，并且大家乐于共享他们所创造出来的财富；城乡交融、各民族间普遍化交往，使每一位社会成员皆可更加自由地展现各自所拥有的天赋和才能，最终真正促进和实现人的日常生活的解放与自由而全面的发展。

---

① 《马克思恩格斯文集》第1卷，人民出版社，2009，第683页。
② 《马克思恩格斯文集》第2卷，人民出版社，2009，第53页。

　　马克思所指明的共产主义，不仅体现为一种社会理想，同时亦敞开为一种崇高的信仰精神。共产主义信仰是马克思关于共产主义理论的题中应有之义。在共产主义信仰的引领之下，人的解放与自由而全面的发展是一个对于人自身而言具有根本性意义的问题，因而绝非纯粹的观念层面的问题，而是一个深刻的实践领域的问题，只能在人的实践活动的历史进程中得以实现。即是说，在共产主义信仰中，人类解放与发展的力量并非来自传统宗教信仰所标榜的上帝抑或是现代物化信仰所推崇的某种抽象物，而是人自己的真真切切的实践活动。在传统的宗教信仰看来，人唯有依靠上帝才能得到救赎，因而试图借助于对上帝的信奉和膜拜来摆脱日常生活的苦难，从而获得精神上的自由。而在现代物化信仰下，人一味地追逐和占有物，沉溺于对物欲的满足，在庞大的物质盛宴和消遣中试图逃离日常生活世界的重负和压迫，寻求感官的娱乐和刺激。因而可以说，宗教信仰和物化信仰皆使人的信仰生活陷入异化，人的日常生活不可能实现解放。马克思共产主义信仰引导人依靠改造现实世界的共产主义运动的革命实践推翻一切剥削人、奴役人的社会制度，进而使人自身扬弃异化，获得全面解放与自由发展。因而，共产主义信仰使人实现了由"信他"到"信自己"的根本转变，人真正找到了作为人的自信并能够充分发挥自身的力量，自己解放自己，自己发展自己，人的解放和发展事实上就是人对生活于其中的异化的日常生活世界的改造过程。正是在批判和变革不合理的日常生活的实践活动中，人不断展开自身生存的全部丰富性，达到人与自然及社会之间矛盾的有效解决，成为自由发展、全面发展的人，人的日常生活也得以提升和发展。

三　历史唯物主义的日常生活理想

　　马克思对日常生活异化问题的历史唯物主义剖析与批判，为我们从根本上指明了未来日常生活的发展方向，即自然主义与人道主义统一的日常生活信念；现实性与理想性统一的日常生活境界，以及自由个性的日常生活的实现与人性的不断提升和完善。历史唯物主义所敞开和昭示的日常生活的理想图景，不仅是马克思对日常生活异化问题的扬弃与超越，更是对日常生活方向的基本思考和指引。

（一）自然主义与人道主义统一的日常生活信念

马克思历史唯物主义扬弃日常生活异化的共产主义方向，为我们敞开了一种崇高的生活信念，即自然主义与人道主义相统一的日常生活信念。那么，究竟如何理解马克思所说的自然主义和人道主义呢？我们有必要首先对此进行明晰和阐释。通过回溯，我们不难发现西方哲学史上的自然主义囿于对自然作出的思辨性的理解而成为沉迷于探求隐藏于自然界背后的不变法则与终极根据的抽象的自然主义；而史上的人道主义则将人的本质看作脱离现实条件的绝对的理性存在物，这种对人的荒诞理解使得其人道主义沦为探究人之外的理性原则的抽象的人道主义；这样，自然主义与人道主义不可避免地陷入了难以克服的知性对立之中。通过批判和继承以往哲学家的理论思想，马克思立足于现实的人的本质——实践活动，实现了对自然主义与人道主义的辩证理解和本真把握。马克思认为，所谓"自然主义"即以自然为基础，强调人是自然的一部分，肯定自然所具有的内在价值与意义，强调人的行为对客观规律和自然法则的遵循，是人的自然主义；而与之相比较而言的"人道主义"则强调人自身的生存与发展，主张人对自然积极、能动地改造，认为自然只有对人来说才有价值，才是现实的自然界，这是自然的人道主义。由此，自然主义与人道主义在人的日常实践活动中实现了内在的统一。

自然主义与人道主义的统一既是人与自然关系的完美状态，也是人类生存与发展的理想境界，因而始终是我们应当树立和坚持的生活信念。那么，共产主义是如何为我们敞开这种生活信念的呢？对此，马克思在《1844年经济学哲学手稿》中作出了详尽的阐述。马克思指出："这种共产主义，作为完成了的自然主义，等于人道主义，而作为完成了的人道主义，等于自然主义，它是人和自然界之间、人和人之间的矛盾的真正解决"①。从马克思的这一经典论述当中，我们可以看出，共产主义引导并鼓舞着人们以彻底的革命性的方式不断扬弃和克服资本主义私有制和异化，使人的实践活动得以从资本主义私有制的禁锢中完全解放出来，成为复归人之本性的自由自觉的活动。这种实践活动不再是人的自我异化而提升为人的内在需要，是人真正以"属人的方式"与自然打交道。也就是说，人能自觉到人的自然本质即"人直接地是自然存在物"②，充分肯定自然对于人类生存和发展的基础性作用，尊重自然生态规律，以"物的尺度"来规范、调节人对自然的改造行为。与此同时，人也重视自然的人的本质即自然是"人的无机的身体"，主动将自然纳入自身的活动范围和领域，以"人的尺度"有意识地促进自然发生合目的性改变，自然主义与人道主义在共产主义社会中实现内在的本质的统一。在自然主义与人道主义相统一的生活信念下，人们将自觉、合理地规范和调控自身与自然之间的物质变换活动。最终，在连续持久的物质变换过程中，人与自然不断克服和扬弃异化状态，人与自然及社会的矛盾也得到了合理的解决。基于上述分析，我们认为，自然主义与人道主义统一的生活信念就是共产主义信念，作为一种生活信念，共产主义不仅为人的生存困境指明了根本出路，更为人的日常生活敞开了一个完美的、理想的境界。

自然主义与人道主义统一的日常生活信念在马克思看来，本质上是一种昭示和指向和谐的价值信念，体现为人与人的和谐、人与自然的和谐以及人与自身的和谐。具体来说，就人与人的关系而言，人与人之间形成了真正互为需要、彼此依存的善的关系。每个人皆将他人视为自己的对象性存在，充

---

① 《马克思恩格斯文集》第1卷，人民出版社，2009，第185页。
② 《马克思恩格斯全集》第42卷，人民出版社，1979，第167页。

分肯定并尊重他人的自由和个性，以此为前提去与他人进行交往，在这种对象化的交往过程中，每个人均获得了自我确证和自我发展，人与人之间由此建立起一种充满善意的内在和谐的社会关系。就人与自然的关系而言，二者真正实现了和谐发展，呈现出一幅人与自然共荣共生的美好画面。自然转化成人的生活要素，表现为人的作品和现实，不断充实人的本质力量；人将自己的才能和智慧作用于自然，把大自然无比丰富的属性内化为主体自身的知识和能力，人与自然、人类史与自然史在本质的双向交换中实现了和谐共生、协调发展。就人与自身的关系而言，"人以一种全面的方式，就是说，作为一个总体的人，占有自己的全面的本质"①，从而成为真正的"大写意义上的人"。人依照自己的本性自觉地活动，使自己生成和发展为具有人的规定性的存在，使世界、关系成为真实的人的世界和人的关系。值得注意的是，这三重关系的和谐统一是立足于人的生存的现实关系，因而是一种内在的、实质的和谐关系，于这种和谐关系之中形成的社会就是和谐社会。就此而言，自然主义与人道主义相统一的日常生活信念为我们所指引的未来社会就是"真""善""美"相统一的和谐社会，是建基于人真正成为人的基础之上的真实的、内在的、本质的人的和谐社会。在新时代，我国所致力于推进的和谐社会的构建应当坚持以马克思历史唯物主义所敞开的和谐社会的价值信念为重要理论依据，在继承中国优秀的"合和"文化传统的同时，充分汲取马克思思想的养分，进而更加合理地去审视并解决社会主义和谐社会及其构建过程中的理论以及实践问题。

（二）现实性与理想性统一的日常生活境界

马克思不仅给出了解决日常生活异化困境的现实路径，更为我们指出了未来日常生活发展的理想境界。马克思的历史唯物主义从来都不是"只破不

---

① 《马克思恩格斯全集》第3卷，人民出版社，2002，第303页。

立"的抽象理论，相反，它是"既破又立"，而且"破"是为了更好地"立"的最为彻底的理论。因此，对于异化问题，历史唯物主义绝不是仅仅进行简单的理解和批判，它对日常生活异化扬弃的落脚点是对日常生活异化的根本性超越，最终昭示出日常生活的理想状态和境界，引领人的日常生活境界的提升和发展是历史唯物主义的终极价值关怀。所谓日常生活境界，是指人通过自身的日常活动所确立的生活高度，"是对一种理想生活样式的表达。"[①]由此可见，对于日常生活境界的理解，一方面应当包含着立足感性物质条件的一面，因为人对未来生活样态的期待和展望总是来源和基于当下的生活实际，对现实生存和生活状况的反思和考察是根本出发点；另一方面，应当内含着超越现实感性物质所指向的理想状态，这是由于人是一种超越性的存在物，改变和超越现状，获得更高的生活质量，实现生活的意义与价值，是人的生活的内在根据和终极追求。也就是说，日常生活境界"已经不是单纯的理论规定，它把理论与实践、认知与体验、主体与客体融为一体，它规范、引导人的生活理想，是现实性、时代性与理想性的完整统一"。[②]日常生活境界，作为既具有"形下"的现实性维度亦具有"形上"的理想性维度的统一，是一种生活方式和精神心态，它是人的生活态度、生活理想的标尺，始终规范和引导着人的日常生活的发展。

对于人的日常生活境界，在历史唯物主义看来，应当是一种现实性与理想性相统一的境界。历史唯物主义认为要始终在现实生活与理想生活之间保持必要的张力，使得日常生活的物质层面和精神层面协调、平衡发展，从而不断促进人的日常生活质量的整体改善和提升。然而，对理想性和现实性的知性割裂，表现在人的日常生活境界上，就会导致两种极端的生活态度的出现，即理想主义与享乐主义。享乐主义通常认为，日常生活境界的提升主要

---

① 张立文：《和合生活境界论》，《江海学刊》2018年第5期。
② 赵连君：《生活境界论》，博士学位论文，吉林大学，2006，第69页。

表现为物质需要的不断满足和肉体的享受。倘若将日常生活境界单纯视为物质生活的富足，人们在日常生活中只关心和重视物质方面的需求和发展，无限度地寻求和满足自身的物质享受，丝毫没有精神追求，这必将降低自己的生命层次，根本没有什么生活境界，人的生活仅仅降格为动物般的肉体存活，毫无价值和意义可言。与之相反，理想主义强调和崇尚日常生活的理想性，认为日常生活境界应是精神需求的不断满足和精神的不断丰富。如果人们只是一味地寻求精神需要，过度强调和主张精神生活的自由和丰富，将精神上的满足当成生活的最高追求和目的，全然不考虑感性的物质存在，那么，脱离了现实存在根基的人类精神和理想也成为空想、幻想，最终，人的日常生活境界亦无从谈起，不复存在。在马克思看来，我们不能一味地追求日常生活的现实性从而造成片面的物质生活，更不能仅仅追求日常生活的理想性以导致片面的精神生活，这两者偏向其一皆不可取，我们所要心怀和向往的日常生活境界则是二者的内在统一。马克思认为，日常生活的现实性与理想性，也就是现实生活与理想生活之间的必要张力，恰恰构成和指向人的日常生活的最完美的发展状态，这种状态也是一种理想的生活境界，我们所要努力达至的正是这样的生活状态。在这个意义上，人所追求和憧憬的日常生活境界永远行进在途中，既立足于现实，又高于现实，不断以自由自觉的实践活动建构着理想性和现实性统一的日常生活状态。

事实上，现代生产力的显著进步和科学技术的高速发展的确为人类提供了空前丰盛的物质财富和高水准的物质生活条件，人的生活质量有了巨大的改善。但遗憾的是，结果并没有如人们所希望的那样，带来人在日常生活中的精神的解放和自由发展，促进人与自然、人与人的生活关系的全面和谐，使人的生活状态和境界得到相应的提升。相反，在资本逻辑宰制的当今世界中，无论是高度发达的现代化国家，抑或是发展程度较低的发展中国家，皆面临着全球性问题的困扰，譬如环境污染、生态危机、人的生存问题等等，其中最为严重的，也是最为普遍的问题，就是日常生活异化的问题，即现代人对物质过度追逐、依赖，从而丧失生活的超越性而陷入深度的异化之中。日常生活的异化与日常生活的境界问题是相互关联的，日常生活的异化状态其实也就是日常生活的境界丧失的直接后果。异化的日常生活源于人们对感性物质的过分强调和占有，物欲的贪婪使得人们仅仅看到和抓住了日常生活的现实性、世俗性，物跃居日常生活的核心，具有至高无上的地位和价值，人完全沉浸于片面的物质欢娱中，没有了高尚的精神追求，没有了对生命意义的思考，丧失了高远理想图景，最终导致人的日常生活仅仅坐落和蛰居于物质的地基上，逐渐失去了向上的动力和方向，没有了高度和境界可言。就此而言，日常生活的异化可以理解为日常生活因丧失理想性维度而陷入虚无的、没有境界的状况。因此，现代人要想解决日常生活问题，需要提高历史唯物主义所敞开的现实性与理想性统一的日常生活境界，在重视现实的物质追求的同时，也要注重培养和丰富一定的精神需要，以崇高的理想引导和提升人的日常生活境界，促进和实现日常生活的进步与发展。

（三）自由个性的日常生活与人性的提升

马克思历史唯物主义关于日常生活问题的深刻洞见，不仅是面向当下现实的异化处境，更是面向人类生存的未来，它与马克思关于人性的解放与全面发展的理论具有内在的一致性。历史唯物主义所敞开和构建的日常生活图景是一种自由个性的日常生活理想，强调日常生活在未来共产主义社会一定会成为人的自由的、个性化的存在方式。在其著作《德意志意识形态》中，马克思就十分精彩地描述了共产主义社会之中自由个性的日常生活理想。马克思指出在共产主义社会里，基于自身的广泛兴趣的人们可以"上午打猎，下午捕鱼，傍晚从事畜牧，晚饭后从事批判"①，人们的生活方式和状态是充满自由和个性化特征的。共产主义社会作为对资本主义现

---

① 《马克思恩格斯选集》第1卷，人民出版社，2012，第165页。

实的超越，彻底扬弃了日常生活在"神圣形象中的自我异化"和"非神圣形象中的自我异化"的双重境遇，表达了一种自由个性的生活理想和生活期待。这种共产主义社会在马克思看来，是真正的"人类社会"或者"社会化的人类"，在《关于费尔巴哈的提纲》的最后一条中，马克思就曾指出历史唯物主义日常生活的真正起点和归宿是人类社会或者社会化的人类。在这里，马克思其实已将他关于日常生活的理想与人性的发展内在地关联起来。因为，无论是"人类社会"，抑或是"社会化的人类"，其实皆强调了社会概念中的人类性、超越性内涵和向度，也就是共产主义社会中人性的发展状态。然而，"在资本主义的叙事框架中，'社会'概念的精神性超越维度却被物化的财产概念所遮蔽"①，丧失了其丰富的内涵与意义。因而重新审视和理解社会这一概念，赋予社会概念以深刻的人性意蕴和内涵，就不仅意味着改变和提升现实的社会生活关系，更加意味着超越资本主义社会中物化的日常生活状况。

马克思是基于人性的完善与发展的高度和视野表达了对未来日常生活的憧憬。资本主义条件下劳动的异化严重影响了人性的整体发展与提升，所以马克思对资本主义社会中"非人"的处境做出了这样的揭示："劳动用机器代替了手工劳动，但是使一部分工人回到野蛮的劳动，并使另一部分工人变成机器。"②马克思为何作此判断？究竟如何理解马克思关于异化劳动的批判？这就需要将马克思对异化劳动的批判与理解提升至人性发展的层面和高度上来理解，以往那种就异化劳动而谈异化劳动的狭隘做法是十分值得我们注意的。

在根本上，历史唯物主义对自由个性的日常生活的向往和构建，其实是对人性发展的期待。这种对人性发展的期待，自然内在地包含着对人的

---

① 袁雨宸：《精神生活的实践论阐释》，东北师范大学博士学位论文，马克思主义哲学专业，2019，第159页。

② 《马克思恩格斯选集》第1卷，人民出版社，2012，第53页。

精神自由，以及生命尊严与价值的重视和期待。马克思将资本主义整个的生产方式以及其日常生活方式看作人性发展历史进程的过渡性阶段，因而人性受压制和摧残的异化处境也只是暂时的、阶段性的。就此而言，我们应当站在人性乃至人类文明发展的更高层面和理论境界上来理解日常生活的现代性处境及其问题。马克思坚信，伴随共产主义社会人类生活质量和水平的总体性提升，在自由个性的日常生活中，人的精神信仰获得自由，人的生活需求体现出多样化，人的本质不断丰富，人生境界不断拓展，生命内涵日愈丰盈，人性的发展从而得以促进和完善。自由个性的日常生活不仅意味着人类物质文明的发展，更要求人的精神文明的进步，人真正成为自由自觉的人类性存在。总而言之，人性的发展是马克思关于日常生活问题探索和思考的终极价值理想，彰显出历史唯物主义对人类未来生活的思想方向的引领。

四　当代日常生活的构建

当代人类的日常生活依然处于马克思所揭示的处境之中，异化所导致的虚无依然是现时代无法摆脱的问题和病症。我们认为，当代日常生活的构建依然需要回到马克思。马克思的日常生活批判理论对于当代日常生活的批判与构建依然具有不容忽视的思想价值与现实意义。马克思对日常生活的彻底的历史唯物主义的分析和批判，不仅为我们敞开了一种自由个性的日常生活理想，而且为这种理想的日常生活的构建和实现提供了十分重要的理论视域和思想启示。

（一）树立辩证的日常生活态度

在马克思历史唯物主义看来，人的日常生活呈现为物质生活和精神生活。物质生活是精神生活的基础，是精神生活得以形成与发展的重要前提和条件；精神生活具有相对独立性和内在超越性，是源于并高于物质生活的自由的生活样态，引领和提升物质生活的改善与发展。因此，物质生活和精神生活共同构成了人的现实的生活内容，人的现实生活在物质生活与精神生活的和谐发展中不断提升与进步。然而，当代人的生存处于感性与理性、物质生活与精神生活的知性对立之中，日常生活在很大程度上仅仅表现为感性的物质生活，日常生活的精神之维被物质维度所挤压和吞噬，丧失了其内在超越性和精神性，从而使日常生活陷入了异化的境遇。这充分表明，当代人的物质生活与精神生活之间的关系严重失衡，二者的协调发展遭到了破坏。马克思强调这种知性对立的背后隐含的是一种非辩证的、物化的思维方式和日常生活态度。物化的日常生活态度把一切存在都纳入利益的计算之中从而变成了"用"的对象，一切存在都被抽象为可计算的属性和规定，整个世界都被工具化和手段化了。正是这种二元对立的思维方式和日常生活态度直接导致人们将物质生活与精神生活的截然对立起来，沉陷于世俗化、感性化的物欲深渊中而不能自拔。

从马克思关于日常生活的理解与分析中，我们不难发现，当代人要想解决日常生活异化问题，走出当前的生存困扰和精神危机，首先必须实现生活观念的彻底变革，即树立一种辩证的日常生活态度，在正确的生活观念的指导下去促进日常生活世界的提升与发展。所谓辩证的日常生活态度，是指从物质生活与精神生活的内在统一关系出发去重新审视和理解日常生活世界，用一种内在超越的眼光和心态对待生活。在辩证的日常生活观念中，人的生活世界不是单向的、线性的存在，而是处于物质与精神、肉体与灵魂的巨大张力之中。人的感性的物质生活是人的生活的重要内容，但绝不是人的生活的全部，更不是人的生活的终极目的。而精神对物质的超越亦非弃绝感性的物质需要，而是内在包含物质需要于自身之内并引领其不断升华从而达到更高的境界，是为人的感性生命倾注精神性的意义，从而充实和提升人的存在及其日常生活。因此，在日常生活中，人们要注重物质生活的改善和提高，因为丧失现实物质基础的精神生活是抽象的、虚幻的。与此同时，追求和创造崇高的精神生活，因为失去精神指引的物质生活只能是贫乏的、毫无意义的。在物质生活与精神生活之间始终具有一种内在的张力，使二者之间维持动态的平衡，使得当代人的日常生活在充裕的物质需求中亦不乏对精神境界的向往与追寻，使当代人在物质生活与精神生活的协调发展中推动和实现日常生活的健全发展。意识是行动的先导，唯有先从认识层面自觉树立起物质生活与精神生活辩证统一的观念，才能为当代日常生活的构建指引正确的思想方向。

（二）以"人化逻辑"超越"物化逻辑"，实现日常生活"人性化"

在历史唯物主义的视野中，日常生活的现代性处境从属于人类的总体性存在状况，日常生活的历史命运也根植在人的历史发展阶段过程之中。马克思认为，人类存在与发展仍处于"以物的依赖性为基础的人的独立性阶段"，并在根本上受资本逻辑的宰制和支配，这使得现代人的总体性存在状况呈现为物化和个体化的特点。与之相应，现代人的日常生活也呈现出空前的异化特点。在资本逻辑的统治和操纵下，日常生活的自主性和多样性遭到围困，深陷在物欲主义和消费主义中，在很大程度上丧失了其应有的本真内涵，继而蜕变为资本增殖和社会控制的要素或环节，越来越缺乏超越性和批判性。至此，日常生活不再是人生成和发展、实现生命本质的存在，反而异化为了压抑人、束缚人的反人化的存在，成为吞噬人性的异己力量，人的自由和个性全被抹杀掉了。因此，马克思强调日常生活问题的解决关键在于对资本逻辑的批判和扬弃，资本逻辑是造成异化的深层根源。通过对资本逻辑的扬弃，人的存在才得以摆脱和超越靠对物的严重依赖获得自身独立性的总体历史状况，人的日常生活才能穿透异化的层层迷雾，从"非人化"的状态真正回归到人性本身，成为人的真实的存在。

时至今日，人们所处的时代虽已在很大程度上不同于马克思所处的时代，但从人的总体性存在状况来看，现时代依然处于马克思揭示的境遇。资本逻辑的控制和扩张不仅毫无减弱的迹象，反而愈演愈烈，人及其日常生活的异化随着全球资本主义的强势扩张而不断被强化。所以，马克思的日常生活批判思想仍是理解日常生活现代性处境的锁钥。就此而言，要构建当代的日常生活，我们应回到马克思对资本主义批判的立场，对资本逻辑展开持续性的批判，以"人化逻辑"取代和超越"资本逻辑"，实现日常生活的"人化"。所谓日常生活的"人化"，是指使日常生活朝着人文化、人性化的方向发展，克服日常生活压制和泯灭人性的状态，让其成为有意义、有价值的属人世界。在"人化逻辑"的引导之下，人们能够将日常生活中的科技、文化、消费等的创造建立在人性的基础上，使其发展遵循人的逻辑而非资本的逻辑，始终围绕着人的自由个性、现实需求来发挥作用，促使一切日常存在之物不断趋向科学化、合理化。在此意义上，"人化逻辑"也就是"生活逻辑"。在日常生活本性向人性的不断复归中，人们逐渐摆脱资本逻辑支配下物性的存在状态，人不再是生活的奴隶，而成为自己生活的真正创造者和拥有者。一句话，人就是生活本身。人与生活世界在人性化的本质关系中不断扩展和深化，日常生活成为人的存在，生成和展示着人之为人的自由性、丰富性和全面性。随着生活世界的人性化发展，当代的日常生活终将成为"为了人而通过人"的、引导和塑造人的生存与发展的解放性力量，不断提升人的生活质量和人的生命意义。

（三）依靠自由自觉的实践推进日常生活方式合理化

对于日常生活问题，马克思认为是由资本主义条件下的异化劳动所引起的，人的劳动活动的异化从根本上造成日常生活世界的巨大灾难。在马克思看来，劳动本应是人之为人的真实本质，在劳动活动中，人生成和发展着自己的日常关系和日常生活。但异化的劳动却迫使人的社会关系发生疏离，生活世界的意义坍塌。由此可见，马克思对日常生活问题的解决最终指向了实践的层面。在历史唯物主义的视界中，劳动蕴藏着人的日常生活世界的一切秘密。而劳动之所以引发日常生活的异化，马克思归结为劳动的异己性，在于它自由自觉的本性的丧失。即是说，日常生活异化的根源不在于形成其基础的劳动本身，而在于人们如何看待劳动并以何种方式去开展，人的日常生活是否合理实质上取决于人类劳动方式的合理与否，正是不合理的实践活动才造成了人日常生活方式的非合理性。在不合理、不科学的日常生活实践中，人的日常生活关系不断走向物欲化，日常生活世界危机四伏。依此，马克思强调日常生活问题的解决应从根本上解放人的实践活动，让实践回归其自由自觉的本性，在自由的、自觉的实践之中促进日常生活方式的合理化，从而使人及其日常生活世界实现多样化和个性化的发展。

　　马克思深入生活实践本质解决日常生活问题的路向，对于当代日常生活的构建无疑具有十分重要的思想启示。要构建当代的日常生活，应从劳动的本质入手，在社会历史实践的总体性发展中逐步改善和提升人的日常生活方式，使人从沉溺于物化之中的"狭隘的利己主义"的个人转变为"有个性的"和"社会化的"个人，人的日常生活才能真正地由建立在对物的依赖性基础上的"人的独立性"，走向每个人占有自己的社会关系基础上的"自由个性"。自由自觉的劳动克服了以直接的物质生产和片面的物质享受的异化劳动的"必要性和外在目的"的规定性，改变了劳动的社会性质，使人的日常劳动和财富占有摆脱了资本逻辑形式，使"人的能力的发展"成为个人日常生活的真正目的。在这样实践活动中，一直统治着人的异己的社会关系摆脱了束缚，被纳入人的有目的的控制中，人充分占有自己的生活世界和生活关系，人与人、人与自然之间形成了和谐共生局面，人的日常生活方式也随之不断趋于科学化、合理化。在合乎人性化的日常生活方式条件下，人的生存在整体上克服和摆脱了异化状态，由片面的异化转向全面的发展，人的精神展现出自身的独立性和超越性，从而在满足和实现自由的、个性化的精神需求中挺立起当代人内在超越的日常生活，赋予人的存在以价值感和意义感，提升着人的生存境界，促进人的生命日益走向丰盈和充实。

（四）以共产主义信仰精神引领日常生活走向自由与解放

马克思认为，人的现实生活内在包含着信仰生活，人的信仰生活问题构成了日常生活问题的重要方面。马克思通过对信仰的神化即"人在神圣形象中的自我异化"和信仰的物化即"人在非神圣形象中的自我异化"的历史唯物主义分析和批判，不仅敞开了信仰的人学价值意蕴，而且深刻地揭示出人的信仰精神危机所导致的日常生活的无意义感。在这个意义上，马克思指明了人类日常生活问题解决的共产主义方向，强调共产主义是扬弃日常生活异化的历史发展阶段。而共产主义在马克思那里，不仅是一种克服异化状态的现实运动，亦是引领人的存在及其精神提升的崇高信仰，共产主义信仰是马克思历史唯物主义所敞开的信仰理念。马克思的共产主义信仰理念是理想性与现实性的统一，超越了传统神化信仰和现代物化信仰给人类日常生活带来的双重困境，在现实的实践运动中引导人不断改变现状，驻守精神家园，因而是人们信仰生活的历史归宿。

当代人的精神生活与价值信仰依然处于现代性的问题处境之中。物化所导致的虚无依然是现时代无法摆脱的精神病症。因此，要克服日常生活的异化、无意义感，重建信仰生活成为当代人所面临的课题。如何使人从信仰的危机中摆脱出来，赋予人生以真切的意义感和终极性的价值关怀，成为当代日常生活构建中不得不思考的重大问题。基于此，马克思日常生活批判思想所彰显的共产主义信仰理念对于重构当代人的信仰精神，进而实现自由个性的日常生活理想具有重要的借鉴意义。要构建自由个性的日常生活，当代人应树立一种科学合理的价值信念，以共产主义信仰引领人类精神走出困境。共产主义信仰作为真理性与价值性、理想性与现实性内在统一的信仰境界，实现了对以神为中心的"神化"信仰和以物为中心的"物化"信仰的双重超越，消解了传统有神论和现代虚无主义的二元对立局面，既超越了传统信仰精神因脱离人类历史而造成的对人的统治和压迫，又超越了纯粹科学原则因缺乏价值关怀而造成的对人的疏离和失落。在其本质上，共产主义信仰是以人为中心的"人学"信仰，它始终以现实的人及其生存为根本出发点，将人的解放和自由而全面发展作为终极价值关怀，引导人们通过对现实生活状况的实际改变，在人的自我否定、自我超越和自我完善的历史实践进程中，不断挺立起个体的独立性和超越性，从而使人及其日常生活世界走向自由的、个性化的发展。总之，共产主义信仰会使人自觉地在现实生活与理想生活之间保持必要的张力，维持动态平衡，以一种内在超越的日常生活方式去充实和丰富自我，从根本上化解空虚、焦躁的存在状态，真正获得一种富有内在坚定性的"存在的勇气"，从而做到自觉地生活，追求和实现生命的自由个性，以健全的生命态度创造和构建自己的美好生活。

　　总而言之，历史唯物主义对日常生活问题的彻底解决，指引着人类生活发展和前进的基本方向，引领并塑造着时代精神。自由个性的生活理想，是历史唯物主义的思想期待，也是现代人需要用实践确证的精神方向。对于现时代人类的日常生活而言，作为"改变世界"的哲学和"希望的哲学"，马克思所开创的历史唯物主义仍将展现出巨大的真理力量。

结　语

　　对作为一种新世界观的马克思哲学而言，其日常生活批判思想所内含的丰富意蕴和重要地位的确值得我们重视和思考。日常生活批判思想的重要地位既表现在马克思哲学问世和形成的理论建构中，同时也表现在马克思对现代资本主义社会的批判当中，更是表现在马克思对人类未来生活理想图景的展望和论证之中。在此意义上，马克思的日常生活批判思想研究仍是一个需要深入挖掘和研究的思想史话题。也就是说，对马克思日常生活批判思想的研究，既包含阐释马克思本人关于日常生活问题所表达的主要观点，亦涉及马克思日常生活批判思想的内容与西方传统哲学或者西方现代哲学关于日常生活世界的思想的内在关联性，即对马克思日常生活批判思想的研究应基于一种历史性的总体视野来进行考察和把握。以往，在对于马克思日常生活批判思想的理解上可能太过线性化、笼统化，这使得我们在很大程度上未能领会马克思思想的真意，未能达到马克思思想高度，也没有充分挖掘和彰显出日常生活批判思想所应有的丰富内涵，这不只造成使马克思日常生活批判思想过于简单化，同时也严重遮蔽和忽视了历史唯物主义对于日常生活世界所具有和体现出的深刻的人文关怀意蕴，从而使之沦为一种宏大叙事。其主要原因，一方面是我们在理解马克思日常生活批判思想时受到了西方现当代哲学的各种解读和拓展范式的影响，另一方面也表明真正理解和掌握马克思日常生活批判思想具有较高的难度。

　　总的来说，本书秉持和力证的核心观点是，与现当代西方哲学关于日常生活问题的思考和观点相比较而言，马克思日常生活批判思想所展现出的深刻之处和独特优势就在于立足于实践的思维方式，对人及其日常生活世界进行现实性把握。从实践观点的思维方式出发，马克思把对日常生活的理解与现实的人及生存处境紧紧地关联起来，最终将日常生活问题的解决导入了人类解放的总体论域。可以说，马克思对人性的重新定义、对资本主义社会的批判以及对人的解放与自由全面发展这些重要问题的洞见皆与他对日常生活问题的理解密不可分，且皆围绕着日常生活这一基本问题展开考察和批判，日常生活问题是审视和贯通其他诸多问题的理论基石。所以，马克思哲学并不存在如以往理解所说的"日常生活"空场，相反，日常生活批判是马克思历史唯物主义的题中应有之义。历史唯物主义彰显出十分鲜明且丰富的"生活"意蕴。倘若不能在社会制度及历史实践的本质层面来充分把握日常生活问题的总体性，就无法运用历史唯物主义的根本视域来彻底分析和把握现代人日常生活的现实状况，也便不能从根本上解决日常生活异化的困境，不能为人类生活指出正确的方向和出路。最终也只能如现当代西方哲学家那样，止步于意识形态范围内的表象反思和探索，悲观绝望乃至陷入窘境。因此，挖掘和彰显马克思日常生活批判思想的丰富内容就不仅仅对于扩充和发展历史唯物主义具体理论内容具有重要意义，它对于还原和澄明历史唯物主义的总体性，从而摒弃以往对于历史唯物主义的一些片面性认识也意义非凡。

　　在马克思历史唯物主义的视野之中，日常生活问题是一个复杂的、不断变化发展的社会历史性问题，因而是一个极具包容性和开放性的话题。那么，这就意味着对于日常生活的批判和探究，我们不能只从社会制度及历史实践的本质层面上去展开，还应当从日常消费、科学技术、文化等相关生活领域去进行，对这些话题也应予以全面分析和批判。现代西方哲学基于以上维度所作出的理论补充和拓展，在一定程度上彰显了马克思日常生活批判思想的当代活力和内在生命力，充分表明马克思日常生活批判思想的丰富性和开放性。因而，我们今天对马克思日常生活批判思想的研究也应当纳入对这些问题的理解和反思。如本书中强调的，对于日常生活问题应包含消费问题、科技问题等。但由于笔者现有材料的有限性，思维水平和写作能力的欠缺，本书主要还是围绕着马克思于实践的思维方式下对日常生活问题的实质和根源的批判来展开的，由此，这部分内容便成为本书马克思日常生活批判思想研究内容的主体。总的来看，本书在研究和写作的过程中，努力突破以往研究存在的一些片面性理解，作出了思想史视域的回溯和延伸，并结合了当代日常生活的构建和发展的现实性问题，具有一定的意义。但对马克思日常生活批判思想的把握和阐释在高度和深度上还有欠缺，对此深感惭愧。在理论联系现实层面亦需进一步加强，以充分挖掘和彰显马克思日常生活批判思想的当代价值。这可能是未来研究需要努力和探索的基本方向，希望自己在以后的学术之路上能够更加自觉、自如地将马克思主义的原则和方法应用到对重大现实问题的探索当中，从而使马克思日常生活批判思想的基本精神切切实实地在当代得以传承和发展。

参考文献

著作类：

[1]《马克思恩格斯选集》第1卷，人民出版社，2012。

[2]《马克思恩格斯选集》第2卷，人民出版社，2012。

[3]《马克思恩格斯选集》第3卷，人民出版社，2012。

[4]《马克思恩格斯选集》第4卷，人民出版社，2012。

[5]《马克思恩格斯全集》第3卷，人民出版社，2003。

[6]《马克思恩格斯全集》第22卷，人民出版社，1960。

[7]《马克思恩格斯全集》第40卷，人民出版社，1982。

[8]《马克思恩格斯全集》第46卷，人民出版社，2003。

[9]《马克思恩格斯文集》第1卷，人民出版社，2009。

[10]《马克思恩格斯文集》第2卷，人民出版社，2009。

[11]《马克思恩格斯文集》第5卷，人民出版社，2009。

[12]《马克思恩格斯文集》第8卷，人民出版社，2009。

[13] 马克思：《资本论》第1卷，人民出版社，1975。

[14] 马克思、恩格斯：《共产党宣言》，人民出版社，2018。

[15] 马克思：《1844年经济学哲学手稿》，人民出版社，2000。

[16] 列宁：《哲学笔记》，人民出版社，1974。

[17]〔德〕费尔巴哈：《费尔巴哈哲学著作选集》上卷，王太庆等译，三联

出版社，1961。

［18］〔德〕费尔巴哈：《费尔巴哈哲学著作选集》下卷，荣震华等译，三联书店，1962。

［19］〔德〕黑格尔：《小逻辑》，贺麟译，商务印书馆，1980。

［20］〔德〕黑格尔：《自然哲学》，梁志学等译，商务印书馆，1980。

［21］〔法〕萨特：《辩证理性批判》，林骧华等译，安徽文艺出版社，1998。

［22］〔德〕马克斯·霍克海默、特奥多·阿多尔诺：《启蒙辩证法》，洪佩郁等译，重庆出版社，1990。

［23］〔德〕马克斯·霍克海默：《批判理论》，李小兵等译，重庆出版社，1989。

［24］〔美〕赫伯特·马尔库塞：《单向度的人》，刘继译，上海译文出版社，2014。

［25］〔美〕赫伯特·马尔库塞：《爱欲与文明》，黄勇等译，上海译文出版社，2008。

［26］〔德〕马哈贝马斯：《作为"意识形态"的技术与科学》，李黎等译，学林出版社，1999。

［27］〔古罗马〕奥古斯丁：《忏悔录》，周士良译，商务印书馆，1963。

［28］〔法〕亚里士多德：《亚里士多德全集》，苗力田主编，中国人民大学出版社，1993。

［29］〔英〕罗素：《西方哲学史》下卷，何兆武等译，商务印书馆，1976。

［30］〔德〕埃德蒙德·胡塞尔：《欧洲科学危机和超验现象学》，张庆熊译，上海译文出版社，1988。

［31］〔法〕托克维尔：《论美国的民主》下卷，董果良译，商务印书馆，1988。

［32］〔法〕埃米尔·涂尔干：《宗教社会的基本形式》，渠敬东等译，上海人民出版社，1999。

［33］〔美〕斯特伦:《人与神——宗教生活的理解》,金泽等译,上海人民出版社,1991。

［34］〔波〕维克多·奥辛廷斯基:《未来启示录——苏美思想家谈未来》,徐元译,上海译文出版社,1988。

［35］〔英〕本·海默尔:《日常生活与文化理论导论》,王志宏译,商务印书馆,2008。

［36］〔法〕鲁尔·瓦纳格姆:《日常生活的革命》,张新木等译,南京大学出版社,2008。

［37］〔美〕伊曼努尔·华勒斯坦:《历史资本主义》,路爱国等译,社会科学文献出版社,1999。

［38］〔美〕A. J. 赫舍尔:《人是谁》,隗仁莲译,贵州人民出版社,1994。

［39］许纪霖:《寻求意义》,上海三联书店,1997。

［40］〔美〕保罗·蒂利希:《存在的勇气》,成穷等译,商务印书馆,2019。

［41］〔日〕池田大作、〔意〕奥锐里欧·贝恰:《二十一世纪的警钟》,卞立强译,中国国际广播出版社,1988。

［42］〔匈〕乔治·卢卡契:《审美特性》第一卷,徐恒醇译,中国社会科学出版社,1986。

［43］〔美〕赫伯特·马尔库塞:《单向度的人——发达工业社会意识形态研究》,刘继译,上海译文出版社,2006。

［44］〔匈〕卢卡奇:《历史与阶级意识》,杜章智等译,商务印书馆,1999。

［45］〔匈〕阿格妮丝·赫勒:《日常生活》,衣俊卿译,黑龙江大学出版社,2010。

［46］〔法〕列斐伏尔:《日常生活批判》第一卷,叶齐茂等译,社会科学文献出版社,2018。

［47］〔法〕列斐伏尔:《日常生活批判》第二卷,叶齐茂等译,社会科学文献出版社,2018。

［48］〔法〕让·波德里亚:《象征交换与死亡》,车槿山译,译林出版社,2006。

［49］〔法〕让·鲍德里亚:《消费社会》,刘成富等译,南京大学出版社,2000。

［50］〔法〕鲍德里亚:《生产之境》,仰海峰译,中央编译出版社,2005。

［51］〔英〕伊格尔顿:《人生的意义》,朱新伟译,译林出版社,2012。

［52］〔美〕伯曼:《一切坚固的东西都烟消云散了》,徐大建等译,商务印书馆,2003。

［56］《西方哲学原著选读》上卷,北京大学西方哲学史教研室编译,商务印书馆,1981。

［57］赵敦华:《西方哲学简史》修订版,北京大学出版社,2012。

［58］赵敦华主编《西方人学史观念》,北京出版社,2005。

［59］赵敦华:《中世纪哲学》上卷,商务印书馆,2013。

［60］王国富:《西方哲学史的本体论思考方式研究》,社会科学文献出版社,2018。

［61］邓晓芒、赵林:《西方哲学简史》修订版,高等教育出版社,2014。

［62］《十六——十八世纪西欧各国哲学》,北京大学哲学系外国哲学史教研室编译商务印书馆,1975。

［63］俞吾金、陈学明:《国外马克思主义哲学流派新编》上卷,复旦大学出版社,2002。

［64］胡海波、庞立生、魏书胜:《马克思主义哲学论纲》,吉林人民出版社,2005。

［65］高清海:《找回失去的"哲学自我":哲学创新的生命本性》,北京师范大学出版社,2004。

［66］高清海:《高清海哲学文存》第二卷,吉林人民出版社,1997。

［67］高清海:《传统哲学到现代哲学》,吉林人民出版社,1997。

［68］孙正聿：《马克思主义哲学基础理论研究》上册，北京师范大学出版社，2011。

［69］孙正聿：《马克思主义哲学智慧》，现代出版社，2016。

［70］孙正聿：《马克思与我们》，中国人民大学出版社，2018。

［71］孙正聿：《哲学观研究》，吉林人民出版社，2007。

［72］孙周兴选编：《海德格尔选集》下卷，上海三联书店，1996。

［73］袁贵仁：《马克思的人学思想》，北京师范大学出版社，1996。

［74］黄楠森、陈志尚：《人学理论与历史——人学原理卷》，北京出版社，2004。

［75］黄楠森、赵敦华：《人学理论与历史——西方人学观念史卷》，北京出版社，2004。

［76］杨魁森：《生活世界哲学》，吉林人民出版社，2013。

［77］杨魁森、程彪：《哲学与生活世界》，中国社会科学出版社，2014。

［78］黄克剑：《人韵——一种对马克思的解读》，东方出版社，1996。

［79］韩庆祥：《马克思人学思想研究》，人民出版社，1996。

［80］陈曙光：《直面生活本身：马克思人学存在论革命研究》，北京师范大学出版社，2012。

［81］顾燕峰：《直面生活本身——马克思人学存在论革命研究》，上海社会科学院出版社，2019。

［82］吴宁：《日常生活批判》，人民出版社，2007。

［83］冯天策：《信仰：人类的精神家园》，济南出版社，2000。

［84］王艳华：《马克思哲学视域中的信仰观变革及其当代价值》，东北师范大学出版社，2014。

［85］王艳华：《信仰的人学价值意蕴》，吉林大学出版社，2005。

［86］邹诗鹏：《历史虚无主义》，人民出版社，2017。

［87］邹诗鹏：《虚无主义研究》，人民出版社，2016。

［88］ 丁立群、李卓、赵全洲：《实践哲学：传统与超越》，北京师范大学出版社，2012。

［89］ 丁立群：《现代化与日常生活批判理论研究》，社会科学文献出版社，2019。

［90］ 刘丽：《马克思宗教批判思想研究及其当代意义》，巴蜀书社，2009。

［91］ 叔贵峰：《马克思宗教批判的革命变革：从理性的批判到实践的批判》，人民出版社，2008。

［92］ 王志军：《论马克思的宗教批判》，中国社会科学出版社，2007。

［93］ 李怀涛：《马克思拜物教批判理论研究》，江苏大学出版社，2017。

［94］ 王荣：《马克思拜物教批判的哲学革命品格》，人民出版社，2018。

［95］ 刘召峰：《拜物教批判理论与整体马克思》，浙江大学出版社，2013。

［96］ 王悦生、景天魁：《论马克思关于人的学说》，辽宁人民出版社，1984。

［97］ 欧阳康、张明仓：《在观念激荡与现实变革之间——马克思实践观的当代阐释》，中国人民大学出版社，2008。

［98］ 徐敏、汪民安：《物质文化与当代日常生活变迁》，北京大学出版社，2018。

［99］ 庞立生：《现代性图景与哲学的视界》，人民出版社，2017。

［100］ 庞立生：《当代精神生活的物化问题及其批判》，吉林人民出版社，2013。

［101］ 陈赟：《现时代的精神生活》，新星出版社，2008。

［102］ 童世骏：《当代中国人精神生活研究》，经济科学出版社，2009。

［103］ 李桂花：《科技的人化——对人与科技关系的哲学反思》，吉林人民出版社，2004。

［104］ 张有奎：《资本逻辑与虚无主义》，中国社会科学出版社，2017。

［105］ 刘同舫：《马克思的解放哲学》，中山大学出版社，2015。

［106］ 刘同舫：《理想与现实之间的人类解放境界》，人民出版社，2013。

［107］ 赵志伟、韩蕊:《马克思异化理论的历史生成及当代价值》,人民出版社,2019。

［108］ 张严:《"异化"着的"异化":现代性视阈中黑格尔与马克思的异化理论研究》,山东人民出版社,2013。

［109］ 王巍:《马克思视域下的资本逻辑批判》,人民出版社,2016。

［110］ 周立斌:《卢卡奇的物化理论及其演变》,中国社会科学出版社,2012。

［111］ 赵司空:《中介与日常生活批判——卢卡奇文化哲学研究》,上海社会科学院出版社,2010。

［112］ 赵司空:《后马克思主义与后现代的乌托邦:阿格尼丝·赫勒后期思想评述》,上海社会科学院出版社,2013。

［113］ 李霞:《个性化的日常生活如何可能——赫勒日常生活理论研究》,人民出版社,2011。

［114］ 阎孟伟、孟锐峰:《法兰克福学派批判理论》,广西人民出版社,2018。

［115］ 李兵:《生存与解放——马克思关于人类解放的哲学主题》,人民出版社,2007。

［116］ 马新颖:《异化与解放:西方马克思主义的现代性批判理论研究》,中央编译出版社,2014。

［117］ 王凤才:《批判与重建——法兰克福学派文明论》,社会科学文献出版社,2004。

［118］ 傅永军:《法兰克福学派的现代性理论》,社会科学文献出版社,2007。

［119］ 陈学明、吴松、远东编《让日常生活成为艺术品:列菲伏尔、赫勒论日常生活》,云南人民出版社,1998。

［120］ 武胜男:《列斐伏尔日常生活审美化思想研究》,黑龙江人民出版社,

2018。

[121] 刘怀玉:《现代性的平庸与神奇——列斐伏尔日常生活批判哲学的文本学解读》,北京师范大学出版社,2018。

[122] 陈昕:《救赎与消费——当代中国日常生活中的消费主义》,江苏人民出版社,2003。

[123] 孔明安:《物·象征·仿真:鲍德里亚哲学思想研究》,安徽师范大学出版社,2010。

[124] 汪德宁:《超真实的符号世界:鲍德里亚思想研究》,中国社会科学出版社,2016。

[125] 张天勇:《社会符号化——马克思主义视阈中的鲍德里亚后期思想研究》,人民出版社,2008。

[126] 仰海峰:《走向后马克思:从生产之镜到符号之镜——早期鲍德里亚思想的文本学解读》,中央编译出版社,2004。

[127] 王盛辉:《"自由个性"及其历史生成研究——基于马克思恩格斯文本整体解读的新视角》,人民出版社,2011。

[128] 郑永廷、罗珊:《中国精神生活发展与规律研究》,中山大学出版社,2012。

[129] 赵汀阳:《论可能生活》,中国人民大学出版社,2010。

[130] 廖小琴、廖小明:《重构人的精神生活》,中央编译出版社,2015。

期刊论文类:

[1] 刘怀玉:《马克思的日常生活批判理论与中国文化现代化的三大主题》,《求是学刊》1996年第6期。

[2] 刘怀玉:《列斐伏尔与20世纪西方的几种日常生活批判倾向》,《求是学刊》2003年第5期。

[3] 刘怀玉:《日常生活批判:走向微观具体存在论的哲学》,《吉林大学社

会科学学报》2007年第5期。

［4］张伟：《论马克思哲学的日常生活维度》，《中共郑州市委党校学报》2009年第2期。

［5］杨东柱：《日常生活与非日常生活——兼论马克思的日常生活观》，《社科纵横》2013年第11期。

［6］谢加书：《马克思恩格斯的日常生活观四重维度》，《湖北社会科学》2015年第12期。

［7］胡敏：《马克思的日常生活批判理论》，《湖北大学学报》（哲学社会科学版），2019年第5期。

［8］王福民：《论马克思哲学的日常生活维度及其当代价值》，《教学与研究》2008年第5期。

［9］王福民：《论马克思哲学生活观的理论支点》，《哲学研究》2005年第12期。

［10］王福民：《论唯物史观的日常生活转向》，《学术研究》2011年第5期。

［11］高清海：《马克思对"本体论思维方式"的历史性变革》，《当代国外马克思主义评论（4）》2004年4月1日。

［12］高清海、孙利天：《论20世纪西方哲学变革的主题与当代中国哲学的走向——转向现实生活世界的哲学变革》，《江海学刊》1994年第1期。

［13］高清海：《论实践观点作为思维方式的意义——哲学探进断想之二》，《社会科学战线》1988年第1期。

［14］范迎春：《马克思主义哲学的解释世界与改变世界的内在贯通》，《青海社会科学》2017年第3期。

［15］F.费迪耶：《晚期海德格尔的三天讨论版纪要》，丁耘摘译，《哲学译丛》2001年第3期。

［16］白锡能：《终极关怀与西方哲学史的基本精神》，《厦门大学学报》（哲社版）1997年第3期。

[17] 李文阁:《我们该怎样生活——论生活哲学的转向》,《学术研究》2010年第1期。

[18] 李文阁:《生活哲学:一种哲学观》,《现代哲学》2002年第3期。

[19] 李文阁:《生活:马克思主义哲学的"基石"》,《上海社会科学院学术季刊》2000年第2期。

[20] 张永路:《生活哲学:当代哲学研究的一种新趋向》,《社科纵横》2015年第2期。

[21] 陈忠:《马克思生活哲学的三重内涵——马克思"原点语境"中的"生活哲学"》,《社会科学战线》2005年第6期。

[22] 崔唯航:《马克思生活哲学的三重意蕴》,《哲学研究》2007年第4期。

[23] 杨楹:《马克思生活哲学的出场、实质及其意义》,《学术研究》2013年第3期。

[24] 彭立群:《论马克思生活唯物主义的本质内涵》,《华侨大学学报》(哲学社会科学版)2004年第4期。

[25] 彭立群:《马克思的生活哲学与"生活世界"理论的对话》,《华侨大学学报》(哲学社会科学版),2003年第4期。

[26] 马拥军:《马克思:生活与哲学》,《华侨大学学报》(哲学社会科学版)2003年第4期。

[27] 王光秀:《马克思生活世界理论研究》,《华侨大学学报》(哲学社会科学版)2004年第4期。

[28] 腾松艳:《马克思生活哲学的生成逻辑》,《甘肃理论学刊》2014年第3期。

[29] 邵然:《马克思主义生活哲学的前提性问题探析》,《云南社会科学》2015年第5期。

[30] 贺来:《马克思哲学与"存在论"范式的转换》,《中国社会科学》2002年第5期。

［31］贺来:《超越"现实"的"现实关怀"——马克思哲学如何理解和关注现实?》,《哲学研究》2008年第10期。

［32］贺来:《有尊严的幸福生活何以可能》,《哲学研究》2011年第7期。

［33］宋惠芳:《马克思关于人的本质的实践生成论》,《马克思主义研究》2019年第4期。

［34］陈曙光:《从知识论路向到生存论路向的范式转换——论马克思开辟的人学路向》,《河南大学学报》(社会科学版),2008年第4期。

［35］孙正聿:《寻找"意义":哲学的生活价值》,《中国社会科学》1996年第3期。

［36］孙正聿:《历史唯物主义与哲学基本问题——论马克思主义的世界观》,《哲学研究》2010年第5期。

［37］孙正聿:《怎样理解马克思的哲学革命》,《吉林大学社会科学学报》2005年第3期。

［38］孙正聿:《辩证法与精神家园》,《天津社会科学》2008年第3期。

［39］孙正聿:《人与历史》,《现代国企研究》2014年第4期。

［40］孙正聿:《解放何以可能:马克思的本体论革命》,《学术月刊》2002年第9期。

［41］孙正聿:《超越人在宗教中的"自我异化"》,《哲学研究》2017年第9期。

［42］王南湜:《简论人类精神生活》,《求是学刊》1992年第4期。

［43］王南湜:《改变世界的哲学何以可能(上)——从马克思到后马克思主义》,《学术月刊》2012年第1期。

［44］叶汝贤:《现实的人及其历史发展的科学——深入解读<德意志意识形态>所阐发的唯物史观》,《哲学研究》2008年第2期。

［45］胡海波:《精神生活、精神家园及其信仰问题》,《社会科学战线》2014年第1期。

[46] 张有奎：《拜物教之"物"的分析》，《现代哲学》2015年第3期。

[47] 张守奎、马金杰：《从上帝救赎到自我解放——马克思宗教批判的内在理路》，《内蒙古社会科学》（汉文版），2009年第4期。

[48] 王志军、刘玉东：《论马克思宗教批判的理论与现实意义》，《理论探讨》2004年第6期。

[49] 张军、刘李：《历史唯物主义生产逻辑对资本逻辑批判的四个向度》，《思想政治教育研究》2018年第6期。

[50] 邹诗鹏：《现时代精神生活的物化处境及其批判》，《中国社会科学》2007年第5期。

[51] 邹诗鹏：《马克思新唯物主义与当代人类精神生活》，《中共天津市委党校学报》2000年第3期。

[52] 邹诗鹏：《虚无主义的极致与人的解放问题——重思马克思对虚无主义的批判》，《复旦学报》（社会科学版）2015年第5期。

[53] 邹诗鹏：《日常生活批判与知性启蒙》，《求是学刊》1996年第6期。

[54] 郑立柱：《关于精神生活史研究的若干问题》，《河北学刊》2012年第3期。

[55] 陈赟：《世俗化与现时代的精神生活》，《天津社会科学》2007年第5期。

[56] 白刚：《资本逻辑的三种形态》，《武汉大学学报》（人文科学版）2016年第3期。

[57] 白刚：《自由个性的实现——〈资本论〉的自由观》，《江海学刊》2017年第3期。

[58] 张立文：《和合生活境界论》，《江海学刊》2018年第5期。

[59] 杜红艳：《卢卡奇与赫勒日常生活批判理论的契合与分野》，《学术交流》2018年第7期。

[60] 刘诗贵：《海德格尔从"非本真的存在"走向"本真的存在"》，《宁夏

社会科学》2016年第3期。

[61] 詹燕:《列斐伏尔与马克思:日常生活批判理论的承继和拓展》,《理论学刊》2006年第5期。

[62] 韩庆祥:《市场经济·文化转型·日常生活批判重建》,《求是学刊》1996年第3期。

[63] 尹树广:《人的问题与生活世界理论》,《求是学刊》1997年第3期。

[64] 余潇枫:《哲学面向"人格世界"意义与革命》,《求是学刊》1997年第3期。

[65] 罗波:《发达工业社会的"后异化"现实和日常生活的批判重建》,《宁夏大学学报》(哲学社会科学版)1998年第4期。

[66] 程新英:《资本的逻辑与当代社会发展的困境》,《马克思主义研究》2006年第3期。

[67] 王勤:《日常生活批判与人文精神的重建》,《求是学刊》1995年第5期。

[68] 丰子义:《马克思与人类文明的走向》,《北方论丛》2018年第4期。

[69] 丁立群:《马克思的实践哲学与人的解放》,《求是学刊》1991年第6期。

[70] 姚顺良:《鲍德里亚对马克思劳动概念的误读及其方法论根源》,《现代哲学》2007年第2期。

[71] 唐正东:《马克思与"劳动崇拜"——兼评当代西方学界关于马克思劳动概念的两种代表性观点》,《南京社会科学》2005年第4期。

[72] 张天勇:《从生产社会到消费社会的转变:符号拜物教的现实根基》,《学术论坛》2007年第3期。

[73] 张一兵:《对鲍德里亚〈生产之镜〉的批判性解读》,《哲学研究》2006年第11期。

[74] 张艳涛:《资本逻辑与生活逻辑》,《重庆社会科学》2006年第6期。

[75] 黄漫、刘同舫：《文化革命：列斐伏尔日常生活的解放方案》，《社会科学研究》2015年第1期。

[76] 林剑：《论马克思实践唯物主义人学理论的深刻革命》，《哲学研究》2006年第9期。

[77] 黄克剑：《"个人自主活动"与马克思历史观》，《中国社会科学》1988年第5期。

[78] 丁立卿：《"从抽象人性观"到"具体人性观"——〈1844年经济学哲学手稿〉"人性观"考察》，《北方论丛》2014年第1期。

[79] 魏云豹：《〈德意志意识形态〉日常生活维度的解读》，《理论月刊》2018年第2期。

[80] 曲师：《"日常生活"批判理论再认识》，《河南社会科学》2013年第12期。

[81] 韩德信：《从大众文化批判到日常生活批判——西方马克思主义的理论转向》，《社会科学辑刊》2007年第5期。

[82] 韩德信：《日常生活：背景、观点与意义》，《贵州社会科学》2007年第9期。

[83] 李巍：《革命的多重逻辑——西方马克思主义的日常生活批判》，《国外马克思主义研究》2017年第2期。

[84] 仰海峰：《列斐伏尔与现代世界的日常生活批判》，《现代哲学》2003年第1期。

[85] 仰海峰：《商品拜物教：从日常生活到形而上学马克思主义》，《马克思主义与现实》2014年第2期。

[86] 朱晨静：《论马克思主义对日常生活的介入——理解马克思主义大众化的重要视角》，《甘肃社会科学》2012年第1期。

[87] 郑震：《论日常生活》，《社会学研究》2013年第1期。

[88] 张三元、孙虹玉：《论日常生活批判、精神生产与现实生活的重塑》，

《湖北经济学院学报》2016年第6期。

［89］杨国荣：《日常生活的本体论意义》，《华东师范大学学报》(哲学社会科学版)，2003年第2期。

［90］张传开、单传友：《日常生活的批判与救赎》，《哲学研究》2009年第4期。

［91］肖伟胜：《日常生活的现代性批判》，《山东社会科学》2016年第1期。

［92］郭彩霞：《日常生活的异化与公共生活的衰落——当代西方马克思主义批判资本主义的新视角》，《中共福建省委党校学报》2018年第4期。

［93］宋音希：《日常生活革命：西方马克思主义的日常生活批判》，《岭南学刊》2019年第2期。

［94］周宪：《日常生活批判的两种路径》，《社会科学战线》2005年第1期。

［95］王淼：《日常生活实践与马克思主义的内在逻辑》，《海南师范大学学报》(社会科学版)，2012年第9期。

［96］吴学琴：《日常生活化的意识形态与新中国流行语的变迁》，《马克思主义研究》2010年第3期。

［97］黄继锋：《日常生活与马克思主义——列斐伏尔的"日常生活批判"》，《教学与研究》2006年第3期。

［98］温权：《资本主义的空间性批判与日常生活的总体性革命——一种拓展马克思主义社会理论的激进尝试》，《理论与改革》2016年第2期。

［99］戴月华：《精神生活的追寻与解读》，《中州学刊》2013年第4期。

［100］王淼：《日常生活实践与马克思主义的内在逻辑》，《海南师范大学学报》(社会科学版)2012年第9期。

［101］陆扬：《何以批判日常生活》，《学术月刊》2008年第9期。

［102］朱晨静：《论马克思主义对日常生活的介入——理解马克思主义大众化的重要视角》，《甘肃社会科学》2012年第1期。

［103］杨国荣：《日常生活的本体论意义》，《华东师范大学学报》(哲学社

会科学版），2003年第2期。

［104］肖伟胜：《日常生活的现代性批判》，《山东社会科学》2016年第1期。

［105］夏玉珍、徐律：《日常生活批判的思想源起及困境探析》，《理论探讨》2016年第1期。

［106］彭锋：《日常生活审美化批判》，《北京大学学报》（哲学社会科学版）2007年第4期。

［107］张道建：《异化与抵抗：西方"日常生活理论"的两种路径》，《湖北社会科学》2018年第7期。

［108］李巍：《革命的多重逻辑——西方马克思主义的日常生活批判》，《理论视野》2017年第2期。

［109］李楠明：《个性的丰富性与马克思哲学的当代意义》，《学习与探索》2006年第1期。

［110］吴向东：《制度与人的全面发展》，《哲学研究》2004年第8期。

［111］王艳华：《亲近生活与遭遇虚无——信仰向生活世界的回归》，《东北师大学报》（哲学社会科学版）2016年第2期。

［112］庞立生、王艳华：《哲学向生活世界的回归》，《东北师大学报》2003年第4期。

［113］庞立生、王艳华：《精神生活的物化与精神家园的当代建构》，《现代哲学》2009年第3期。

［114］庞立生：《历史唯物主义怎样照亮现代精神生活》，《吉林大学社会科学学报》2020年第4期。

学位论文类：

［1］许大平：《日常生活批判及其当代意义》，博士学位论文，复旦大学，2003。

［2］刘荣清：《批判与建构：日常生活领域的意识形态研究》，博士学位论文，安徽大学，2011。

［3］王艳华：《信仰的人学价值意蕴》，博士学位论文，吉林大学，2004。

［4］宋勇：《回归生活之路——日常生活批判研究》，硕士学位论文，广西师范大学，2009。

［5］姜国峰：《人之生命的生成论实践觉解》，博士学位论文，东北师范大学，2012。

［6］赵连君：《生活境界论》，博士学位论文，吉林大学，2006。

［7］袁雨宸：《精神生活的实践论阐释》，博士学位论文，东北师范大学，2019。

外文类：

［1］Henri Lefebvre, *Everyday Life in the Modem World*, Trans.by Sacha Rabinovitch, London, 1971.

［2］Henri Lefebvre, *Critique of Everyday Life (Vol.1)*, Trans.by John Moore. London & New York：Verso, 1991.

［3］Georg Lukacs, *History and Class Consciousness*, trans.by Rodney Livingstone, London：Merlin Press, 1971.

［4］Agnes Heller, *Everyday Life*, London and New York：Routledge and Kegan Paul, 1984.

［5］Herbert Marcuse, *Counterrevolution and Revolt*, Boston：Beacon Press, 1972.

后　记

执笔于此，感慨万千，内心依旧忐忑与惶恐。忐忑之情源于论文的写作情况，虽然已尽力而为，下了一番功夫，但不免存在很多不足；惶恐是因为不想离开这个已然深爱的师大校园和辛勤培育我的哲学院的敬爱的老师们，还有视我如家人般的亲爱的兄弟姐妹们。

之所以选择《马克思日常生活批判思想研究》作为我的博士学位论文，是因为在我看来，马克思哲学实质上就是一门关于人、关于人的生活的学问，是一种"真正的生活理论"和"真正的生活哲学"，是对人的生活进行彻底批判和改造的思想。因而，只有以现实的生活本身作为研究主题，我们才能深刻地理解和领会马克思哲学的基本精神。

回顾在师大求学的七年时光，有喜悦、有感动、更有太多的眷恋与不舍。在这里，我度过了人生中最重要的、最宝贵的阶段，成长很多，受益匪浅。如果说本科期间是哲学选择了我，那么在师大的学习则是我选择了哲学。在师大哲学院老师们的带领和感染之下，我真正感受到了哲学的理论魅力，体悟到哲学的"有用性"，领会到哲学所展现出的巨大思想力量，自此我也真真切切地爱上了哲学，踏进了哲学之门。老师们渊博的知识，透彻的理论分析和启发式的教学方法日益激发着我浓厚的学习兴趣，让我对哲学产生了古希腊哲人所谓的那种"惊讶"，逐渐培养起自己的问题意识，在强烈的问题意识导向之下去寻根究底，思考和探索现实社会问题的哲学之理。经过专业化培养和训练，我对哲学理论的学习不断深入和全面，尤其是对马克思哲学有了全新的认识和理解，对于马克思主义基本理论有了较为清晰的、系统的掌握，逐渐摒弃了以往那种简单化、片面化的理解。这种对真知的渴望和探求也是我选择继续攻读博士学位的主要原因。是哲学院老师们的启迪和教诲，不仅让我厘清哲学的相关基础问题，更让我对自己的人生发展问题有了更加清晰的思考和抉择。

对于所获的进步与成长，我有太多的人需要感激、感谢和感恩。首先，我要感谢我最敬爱的王艳华导师。习近平总书记说："一个人遇到好老师是人生的幸运"，而我就是这么一个十分幸运且幸福的人。在师大珍贵的七年的求学时光，能一直师从我最崇敬的王老师学习，我是何其幸运，又是何其幸福！王老师治学严谨，认真负责，每当我遇到学术难题时，老师都会第一时间帮我解答，以循循善诱、启发式的指导方法激励我对学术问题的深入思考，培养我形成清晰的思维逻辑，以帮助我达到对问题的根本性理解。让我印象最为深刻的是，老师对于每一篇论文的指导都很细致，哪怕是一个不太恰当的用词，她都要求我再三斟酌，力求做到精准、恰当。我常常为此而深感惭愧，也从老师身上学到了做学问应有的严谨态度。除此，王老师也是一位很有耐心、善于倾听学生的老师。在指导学术研究时，老师总是先倾听学生的想法，激发学生的理论兴趣和爱好，这给了学生很大的鼓舞和信心。生活中的王老师在我的眼里是一名优雅知性、淡泊从容的女性，老师和善、谦逊的为人深深地感染着我，让我活泼外向的性格中多了一份沉稳与内敛，学会冷静和思考。老师对我的生活也是关怀倍至，时常让我拥有家人般的温暖与感动。这份亦师、亦友的深厚情谊值得我用一生去珍藏和回忆。

除此，我还要特别感谢胡海波教授、庞立生教授、魏书胜教授、杨淑静副教授、程彪教授，感恩老师们对我的无私培养与关爱。感谢胡海波教授，您开阔的学术视野、前瞻的问题意识和深厚的家国情怀让我的崇敬之情油然而生，从您身上我感受到了学者的风范，看到了人性的光辉，始终力求做一个葆有理想，葆有人性之美的哲学人；感谢庞立生教授，热爱学术，关怀学生是您的人格魅力，您用言行教会我如何做一个正义、正气之人。在师门研讨的日子里，您的每一次授课都给我以深刻的思想启迪，让我豁然开朗，受益匪浅。在您的课堂上，我总是如沐春风，沉浸在思想的盛宴之中；感谢魏书胜教授，您严谨的学术态度，对学术写作中的格式、参考文献等细节问题的严格要求，让我的学术研究更加规范化、合理化；感谢杨淑静副教授，您温婉的言词、严密的思维逻辑和深厚的哲学底蕴使我感悟思想的魅力；感谢程彪教授，您通俗平和的语言使我领略到哲学的另一种风采。感谢老师们在日常学习与生活中给予我的莫大鼓励与帮助，在博士论文开题和答辩过程中对我的论文提出的宝贵建议，同时十分感谢吉林大学孙利天教授、韩志伟教授不辞辛苦，在百忙之中抽出宝贵时间出席我的论文答辩环节，对我论文的修改和完善所提供的中肯的、珍贵的意见，从而让我的论文写作能够得以顺利完成。

在师大的学习之所以是有温度且有意义的，离不开"我"背后的"你们"，是"你们"给了我无尽的关怀与前行的动力。因而，我要特别感谢师门的兄弟姐妹们。感谢聂阳博士，这是我进入师大学习以来，帮助和鼓励我最多的人，他待人真诚，很有学术造诣，他对学术研究的认真和坚持的品格激励着我，我常常以他为榜样鞭策自己在学术道路上不断前行；感谢李娟博士，在学术研究中，我们相互鼓励，相互讨论，通过不同的思想交流使自我不断丰富、不断提升；感谢王刚博士，将自己丰富的生活经验与我分享，让我的人生阅历更加宽阔；感谢周坤博士，从硕士阶段到博士阶段的学习，一路走来，我们一起见证了彼此的努力和成长，成为了"革命战友"；感谢张百合博士，在学习和生活中，我们真心相待，互相切磋，这份真挚的情感也使我们成为了好朋友；感谢林安蕾博士，在生活中的相互关心使我的学习生涯充满温暖；感谢袁雨宸、袁德公两位博士对我的鼓励与支持，还有这里没有一一提到的师门的兄弟姐妹们。师门同学之间的纯真友谊，是我在学校学习的最大收获之一，与你们的学习和相伴，让我有了"家"的安心和暖心，生活也因此而变得更为丰富和多彩。在此，我也真心地祝愿我亲爱的兄弟姐妹们一切顺遂，幸福美满。

最后，由衷地感谢我的父母，谢谢您们对我的养育之恩，在赐予我自然生命的同时，给予我弥足珍贵的精神财富，让我在无止境的学海中始终方向明确，意志坚毅，自由地追求着自己的所爱和所想。感谢我的爱人，在我怀孕期间从事论文写作这段艰苦的时光里，对我的安慰、支持，让我有了坚实的依靠。能够在距离故土两千多公里的"北国"长春顺利并开心地度过这一段颇为艰难且十分重要的人生阶段，离不开家人们在背后默默的支持与无私的奉献，让我在漫漫求学之路上感到踏实、坚定，赋予我不断向前的巨大勇气与力量。这份恩情，我将一直铭记于心！

行文至此，我的博士学习生涯也即将画上一个圆满的句号。然我的哲学学习生涯却正如我刚出生的孩子一般，迎来一个全新的开始。

图书在版编目（CIP）数据

马克思日常生活批判思想研究 / 张雪敏著. -- 北京：
社会科学文献出版社，2023.12（2025.9重印）
ISBN 978-7-5228-2801-5

Ⅰ.①马…　Ⅱ.①张…　Ⅲ.①马克思（Marx, Karl
1818-1883）-生活-哲学思想-研究　Ⅳ.①A811.63

中国国家版本馆CIP数据核字（2023）第219463号

马克思日常生活批判思想研究

著　　者 / 张雪敏

出 版 人 / 冀祥德
组稿编辑 / 曹义恒
责任编辑 / 吕霞云
责任印制 / 岳　阳

出　　版 / 社会科学文献出版社
　　　　　　地址：北京市北三环中路甲29号院华龙大厦　邮编：100029
　　　　　　网址：www. ssap. com. cn
发　　行 / 社会科学文献出版社（010）59367028
印　　装 / 唐山玺诚印务有限公司

规　　格 / 开　本：787mm×1092mm　1/16
　　　　　　印　张：11.75　字　数：166千字
版　　次 / 2023年12月第1版　2025年9月第3次印刷
书　　号 / ISBN 978-7-5228-2801-5
定　　价 / 78.00元

读者服务电话：4008918866